UNE ANNÉE DE GRATITUDE

UNE ANNÉE DE GRATITUDE

en 365 images et pensées

NATIONAL GEOGRAPHIC

ÉDITION ORIGINALE
sous le titre *Daily Gratitude. 365 Days of Reflection*

ÉDITION FRANÇAISE

NG France
Directrice éditoriale : Françoise Kerlo
Chargées d'édition : Julie Drouet, Florence Gazel de Rochegonde
Chefs de fabrication : Jérôme Brotons, Anne-Kathrin Fischer

ADAPTATION ET RÉALISATION
Michel Langrognet

Dépôt légal : octobre 2015
ISBN : 978-2-82290-104-8
Imprimé en Chine

Janvier Essor
Février Famille
Mars Amitié
Avril Amour
Mai Bonheur
Juin Beauté
Juillet Aventure
Août Intimité
Septembre Confiance
Octobre Perspective
Novembre Sagesse
Décembre Harmonie
Auteurs cités
Crédits photographiques

JANVIER

ESSOR

1er JANVIER

Suivez votre clair de lune intérieur ;
ne cachez pas la folie.

~ ALLEN GINSBERG

2 JANVIER

On avance. Faut pas qu'on réfléchisse
ni qu'on pense. Il faut qu'on avance.

~ Alain Souchon

3 JANVIER

Mon grand-père m'a dit un jour qu'il y avait deux sortes de gens : ceux qui font le travail et ceux qui en retirent le bénéfice. Il m'a dit d'essayer de faire partie des premiers : il y a moins de concurrence.

~ INDIRA GANDHI

4 JANVIER

Aimer ce que l'on fait
et sentir que cela compte,
qu'y a-t-il
de plus satisfaisant ?

~ KATHARINE GRAHAM

5 JANVIER

D'abord, nous allons faire les choses faciles. Puis, nous nous attaquerons aux difficiles. Et quand celles-ci seront faites, nous entreprendrons les choses impossibles.

~ SAINT FRANÇOIS D'ASSISE

6 JANVIER

Leur esprit prend l'essor
où leur langue les guide.

~ MATHURIN RÉGNIER

7 JANVIER

Grandir consiste en fin de compte
à comprendre que sa propre expérience,
incroyable et unique,
est ce que tout le monde partage.

~ Doris Lessing

8 JANVIER

Nos yeux furent premiers à voir
Les nuages plus bas que nous.

~ LOUIS ARAGON

9 JANVIER

Chaque moment de vie
doit être savouré.

~ ALEJANDRO GONZÁLEZ IÑÁRRITU

10 JANVIER

Ne vous découragez pas ; c'est souvent la dernière clef du trousseau qui ouvre la porte.

~ Paulo Coelho

11 JANVIER

Il y a longtemps que j'ai appris
qu'on ne doit jamais essayer
de revenir en arrière. La vie est comme
une rue à sens unique, n'est-ce pas ?

~ AGATHA CHRISTIE

12 JANVIER

L'individu doit se contenter d'être une pierre de l'édifice, un rouage de l'immense machine, un mot du poème.

~ HENRI FRÉDÉRIC AMIEL

13 JANVIER

Partez d'où vous êtes.
Utilisez ce que vous avez.
Faites ce que vous pouvez.

~ ARTHUR ASHE

14 JANVIER

Le privilège de la vie
est d'être ce que vous êtes.

~ JOSEPH CAMPBELL

15 JANVIER

Quelque part, quelque chose d'incroyable attend d'être connu.

~ CARL SAGAN

16 JANVIER

Les idées sont comme les lapins.
Vous en avez un couple et apprenez
comment vous en occuper,
et très vite vous en avez une douzaine.

~ JOHN STEINBECK

17 JANVIER

Même pour le simple envol
d'un papillon, tout le ciel
est nécessaire.

~ PAUL CLAUDEL

18 JANVIER

Qui veut gravir une montagne
commence par le bas.

~ PROVERBE CHINOIS

19 JANVIER

La vraie sagesse de la vie consiste à voir l'extraordinaire dans l'ordinaire.

~ Pearl S. Buck

20 JANVIER

Amour et travail sont les pierres angulaires de notre humanité.

~ SIGMUND FREUD

21 JANVIER

Un chemin est-il moins
beau parce qu'il y a
des épines dans les haies
qui le bordent ?

~ STENDHAL

22 JANVIER

Maison de paille où l'on rit
vaut mieux qu'un château où l'on pleure.

~ PROVERBE CHINOIS

23 JANVIER

Seuls ceux qui se risqueront à peut-être
aller trop loin sauront jusqu'où
il est possible d'aller.

~ T. S. ELIOT

24 JANVIER

N'allez pas où le chemin peut mener,
allez là où il n'y a pas de chemin
et laissez une trace.

~ RALPH WALDO EMERSON

25 JANVIER

Si l'avenir n'était pas espérance,
le monde serait un enfer.

~ JEAN D'ORMESSON

26 JANVIER

Il n'y a rien de mal
dans la vie même.
Elle est l'océan où il faut
nager – ou bien
on s'y adapte, ou bien
on coule par le fond.

~ HENRY MILLER

27 JANVIER

Le futur appartient à ceux
qui croient à la beauté de leurs rêves.

~ Eleanor Roosevelt

28 JANVIER

Quand tu regarderas le ciel, la nuit,
puisque j'habiterai dans l'une d'elles,
puisque je rirai dans l'une d'elles,
alors ce sera pour toi comme
si riaient toutes les étoiles. Tu auras,
toi, des étoiles qui savent rire !

~ SAINT-EXUPÉRY

29 JANVIER

Nous vivons avec quelques arpents de passé, les gais mensonges du présent et la cascade furieuse de l'avenir.

~ RENÉ CHAR

30 JANVIER

Vous n'avez qu'à suivre les traits
d'une imagination qui se donne l'essor.

~ MOLIÈRE

31 JANVIER

Grise, mon ami, est toute théorie,
Mais vert est l'arbre d'or de la vie.

~ GOETHE

FÉVRIER
FAMILLE

1er FÉVRIER

Le couple heureux qui se reconnaît
dans l'amour défie l'univers et
le temps ; il se suffit, il réalise l'absolu.

~ Simone de Beauvoir

2 FÉVRIER

La joie d'un enfant ou la tendresse
d'un couple brillent pour tous,
elles sont toujours une place au soleil.

~ ROMAIN GARY

3 FÉVRIER

Tout le monde court
après sa jeunesse.
À douze ans, on court
après un cerf-volant.
Puis, on court
après son âme d'enfant.

~ FRANCIS BLANCHE

4 FÉVRIER

Le père et la mère doivent tout à l'enfant. L'enfant ne leur doit rien.

~ JULES RENARD

5 FÉVRIER

L'appartenance à la famille humaine confère à toute personne une sorte de citoyenneté mondiale, lui donnant des droits et des devoirs.

~ JEAN-PAUL II

6 FÉVRIER

Que vous soyez musulman, chrétien ou juif n'a pas d'importance. Si vous croyez en Dieu, vous devriez penser que chaque être humain fait partie d'une seule et même famille.

~ MUHAMMAD ALI

7 FÉVRIER

Comme il ne pouvait être partout,
Dieu a créé les mères.

~ DICTON JUIF

8 FÉVRIER

Que pouvez-vous faire pour promouvoir la paix dans le monde ? Rentrer chez vous et aimer votre famille !

~ MÈRE TERESA

9 FÉVRIER

Donnez un peu d'amour à un enfant,
et vous obtenez un grand retour.

~ John Ruskin

10 FÉVRIER

Les enfants sont la chose la plus précieuse dans la vie. Un parent doit faire tout ce qu'il peut pour donner à un enfant le sens de la famille.

~ ELVIS PRESLEY

11 FÉVRIER

La fonction du milieu
n'est pas de former
l'enfant mais de lui
permettre de se révéler.

~ MARIA MONTESSORI

12 FÉVRIER

Je ne l'aime pas parce qu'il est bon,
mais parce qu'il est mon petit enfant.

~ RABINDRANATH TAGORE

13 FÉVRIER

Tant que je cours, mon père a un fils.

~ PROVERBE BRÉSILIEN

14 FÉVRIER

La maturité de l'homme, c'est d'avoir retrouvé
le sérieux qu'on avait au jeu
quand on était enfant.

~ NIETZSCHE

15 FÉVRIER

Chaque enfant qu'on enseigne
est un homme qu'on gagne. L'ignorance
est la nuit qui commence l'abîme.

~ VICTOR HUGO

16 FÉVRIER

Si on définit l'intelligence comme la faculté d'apprendre
des choses nouvelles, de trouver des solutions
à des problèmes se présentant pour la première fois,
qui donc est plus intelligent que l'enfant ?

~ MICHEL TOURNIER

17 FÉVRIER

Nul n'ira jusqu'au fond
du rire d'un enfant.

~ VICTOR HUGO

18 FÉVRIER

Après un bon dîner on n'en veut plus à personne, même pas à sa propre famille.

~ OSCAR WILDE

19 FÉVRIER

Chaque enfant
recommence le monde.

~ Henry David Thoreau

20 FÉVRIER

Ce nid où l'amour se pose,
Voilà le but du ciel bleu...

~ VICTOR HUGO

21 FÉVRIER

Les enfants n'ont ni passé ni avenir et,
ce qui ne nous arrive guère,
ils jouissent du présent.

~ La Bruyère

22 FÉVRIER

Le mystère de l'incarnation se répète en chaque femme ; tout enfant qui naît est un dieu qui se fait homme.

~ SIMONE DE BEAUVOIR

23 FÉVRIER

Je rêve encore parfois qu'enfant,
je souffle sur des aigrettes de pissenlit
qui, joyeusement, s'envolent au vent d'été.

~ MICHEL LANGROGNET

24 FÉVRIER

Où peut-on être mieux
qu'au sein de sa famille ?

~ MARMONTEL

25 FÉVRIER

La maman des poissons,
elle est bien gentille !

~ Boby Lapointe

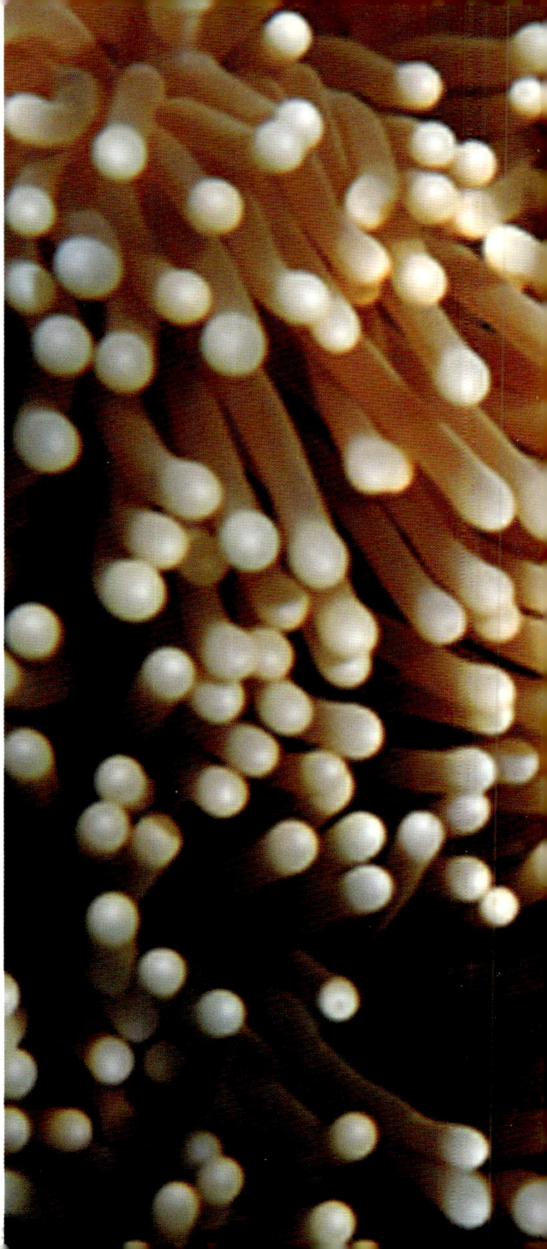

26 FÉVRIER

On ne choisit pas sa famille. Ils sont un don de Dieu pour vous, comme vous l'êtes pour eux.

~ DESMOND TUTU

27 FÉVRIER

Avoir un enfant, c'est manifester un accord absolu avec l'homme. Si j'ai un enfant, c'est comme si je disais : je suis né, j'ai goûté à la vie et j'ai constaté qu'elle est si bonne qu'elle mérite d'être multipliée.

~ MILAN KUNDERA

28 FÉVRIER

Les berceuses des mères
Les prières des enfants
Et le bruit de la terre
Qui s'endort doucement.

~ JACQUES BREL

MARS

AMITIÉ

1er MARS

De bons amis, de bons livres et la conscience somnolente, voilà le secret du bonheur.

~ Mark Twain

2 MARS

Plus étroits que ceux du sang et de la famille
sont les liens de l'amitié.

~ BOCCACE

3 MARS

Il est bon de traiter l'amitié comme les vins et de se méfier des mélanges.

~ COLETTE

4 MARS

L'amitié, comme l'amour, demande beaucoup d'efforts, d'attention, de constance, elle exige surtout de savoir offrir ce que l'on a de plus cher dans la vie : du temps !

~ CATHERINE DENEUVE

5 MARS

L'amitié prend
sa source dans
un sourire.

~ MICHEL LANGROGNET

6 MARS

Les amis qui comptent sont ceux que
vous pouvez appeler à 4 heures du matin.

~ MARLÈNE DIETRICH

7 MARS

La vraie manière de se faire des amis est de relever et d'estimer les services que l'on reçoit des autres, plus qu'ils ne les estiment eux-mêmes, et de rabaisser les services qu'on leur rend au-dessous du prix qu'ils y mettent.

~ PLATON

8 MARS

Quelque rare que soit l'amour,
il l'est encore moins
que la véritable amitié.

~ LA ROCHEFOUCAULD

9 MARS

L'amitié naît quant une personne
dit à une autre : « Quoi ! Vous aussi ?
Je croyais que j'étais le seul. »

~ C. S. LEWIS

10 MARS

L'amitié est le fruit
de nos propres bienfaits.

~ THUCYDIDE

11 MARS

Ils me semblent arracher du monde le soleil, ceux qui écartent l'amitié de la vie, alors que les dieux immortels ne nous ont rien donné de meilleur et de plus doux.

~ CICÉRON

12 MARS

Parce que c'était lui ;
parce que c'était moi.

~ MONTAIGNE

13 MARS

L'amour à la sauvage
églantine est pareil,
Et l'amitié pareille au houx,
Sombre est le houx, quand
l'églantine est tout en fleur,
Mais lequel fleurit avec
plus de constance ?

~ Emily Brontë

14 MARS

Quand un ami vous tend la main,
ne lui donnez pas de pourboire.

~ MICHEL LANGROGNET

15 MARS

Les devoirs de l'amitié aident
à supporter les plaisirs
de la société.

~ ALBERT CAMUS

16 MARS

L'amitié est
ce qu'il y a de plus
nécessaire à la vie ;
car il n'est personne
qui consentit à vivre
privé d'amis,
dût-il posséder
tous les autres biens.

~ ARISTOTE

17 MARS

Que sont mes amis devenus
Que j'avais de si près tenus ?

~ RUTEBEUF

18 MARS

L'amitié est l'âme des âmes.

~ LOPE DE VEGA

19 MARS

La seule façon de se faire un ami
est d'en être un.

~ Ralph Waldo Emerson

20 MARS

Le véritable ami
est celui à qui on n'a rien à dire.

~ TRISTAN BERNARD

21 MARS

Chaque ami représente un monde
en nous, un monde qui n'aurait
peut-être jamais existé sans lui
et que cette rencontre a rendu possible.

~ ANAÏS NIN

22 mars

Au moindre coup de Trafalgar,
C'est l'amitié qui prenait l'quart...

~ Georges Brassens

23 MARS

L'amitié est un jeu sans pareil où,
si l'on ne gagne pas à deux,
on perd à deux.

~ ANDRÉ STIL

24 MARS

Il n'y a pas de plaisir comparable
à celui de rencontrer un vieil ami, excepté
peut-être celui de s'en faire un nouveau.

~ RUDYARD KIPLING

25 MARS

L'adversité est la pierre de touche de l'amitié.

~ PROVERBE FRANÇAIS

26 MARS

Voilà la vraie et seule
raison d'être de l'amitié :
procurer un miroir
dans lequel l'autre peut
contempler son image
d'autrefois qui, sans
l'éternel bla-bla
de souvenirs entre
copains, se serait effacée
depuis longtemps.

~ MILAN KUNDERA

27 MARS

Les peines qu'éprouvent nos amis nous affectent davantage que celles que nous éprouvons.

~ PHILIPPE SOUPAULT

28 MARS

Qu'un ami véritable
est une douce chose !

~ LA FONTAINE

29 MARS

Les amis sont des compagnons
de voyage, qui nous aident
à avancer sur le chemin
d'une vie plus heureuse.

~ PYTHAGORE

30 MARS

C'est un joli nom camarade
C'est un joli nom, tu sais...

~ JEAN FERRAT

31 mars

Je souhaite dans ma maison
Une femme ayant sa raison
Un chat passant parmi les livres
Des amis en toute saison
Sans lesquels je ne peux pas vivre.

~ Apollinaire

AVRIL
AMOUR

1er Avril

Quelle autre raison y a-t-il
de vivre, si ce n'est l'amour ?

~ Truman Capote

2 AVRIL

Baise m'encor, rebaise moi et baise :
Donne m'en un de tes plus savoureux,
Donne m'en un de tes plus amoureux,
Je t'en rendrai quatre plus chauds que braise.

~ LOUISE LABÉ

1992 MAY.16-31

3 AVRIL

Papillon, tu es volage
Tu ressembles à mon amant
L'amour est un badinage
L'amour est un passe-temps
Quand j'ai mon amant
J'ai le cœur content.

~ FOLKLORE CANADIEN

4 AVRIL

J'aime, et je veux chanter la joie et la paresse,
Ma folle expérience et mes soucis d'un jour,
Et je veux raconter et répéter sans cesse
Qu'après avoir juré de vivre sans maîtresse
J'ai fait serment de vivre et de mourir d'amour.

~ Musset

5 AVRIL

L'amour, c'est l'espace et le temps
rendus sensibles au cœur.

~ MARCEL PROUST

6 AVRIL

Un mariage heureux est une longue conversation qui semble toujours trop brève.

~ André Maurois

7 AVRIL

En fait d'amour, vois-tu,
trop n'est même pas assez.

~ BEAUMARCHAIS

8 AVRIL

L'amour est une fumée formée des vapeurs de soupirs,
Purifié, c'est un feu dans les yeux des amants,
Agité, une mer nourrie des larmes des amants.

~ SHAKESPEARE

9 AVRIL

Amour, amour, quand tu nous tiens,
on peut bien dire : adieu, prudence !

~ La Fontaine

10 AVRIL

L'amour n'a pas de limite
sinon ce n'est pas de l'amour !

~ ÉDITH PIAF

11 AVRIL

Je dis tu à tous ceux que j'aime
Même si je ne les ai vus qu'une seule fois
Je dis tu à tous ceux qui s'aiment
Même si je ne les connais pas.

~ Jacques Prévert

12 AVRIL

L'amour, c'est l'occasion unique de mûrir, de prendre forme, de devenir soi-même un monde pour l'amour de l'être aimé.

~ RAINER MARIA RILKE

13 AVRIL

Quand notre cœur fait boum
Tout avec lui dit boum
Et c'est l'amour qui s'éveille

~ CHARLES TRENET

La gourmandise a sur
l'amour mille avantages.
Mais le plus important,
c'est qu'il importe d'être
deux pour s'abandonner
à celui-ci ; tandis qu'on
pratique celle-là tout seul.

~ MAUPASSANT

15 AVRIL

Une femme que vous faites rire
est déjà pour moitié dans votre lit.

~ ANONYME

16 AVRIL

Notre amour a plus besoin d'amour
Que l'herbe de pluie.

~ PAUL ELUARD

Un amour naissant
inonde le monde de poésie.

~ Edgar Morin

18 AVRIL

Je l'aime, et c'est le commencement
et la fin de toute chose.

~ F. Scott Fitzgerald

19 AVRIL

Ma femme est une perle :
quand elle s'accroche à mon cou,
on dirait un pendentif.

~ MICHEL LANGROGNET

20 AVRIL

À force de parler d'amour,
on devient amoureux.

~ Blaise Pascal

21 AVRIL

Le poème est l'amour réalisé
du désir demeuré désir.

~ RENÉ CHAR

22 AVRIL

Vous aviez mon cœur,
Moi, j'avais le vôtre :
Un cœur pour un cœur ;
Bonheur pour bonheur !

~ Marceline Desbordes-Valmore

23 AVRIL

Mon enfant, ma sœur,
Songe à la douceur
D'aller là-bas vivre ensemble !
Aimer à loisir,
Aimer et mourir
Au pays qui te ressemble !

~ BAUDELAIRE

24 AVRIL

JE T'AIME est sans nuances.
Il supprime les explications,
les aménagements, les degrés,
les scrupules.

~ ROLAND BARTHES

25 AVRIL

Que le vent qui gémit le roseau qui soupire,
Que les parfums légers de ton air embaumé,
Que tout ce qu'on entend, l'on voit ou l'on respire,
Tout dise : « Ils ont aimé ! »

~ LAMARTINE

26 AVRIL

Le verbe aimer est difficile à conjuguer :
son passé n'est pas simple,
son présent n'est qu'indicatif,
et son futur est toujours conditionnel.

~ JEAN COCTEAU

27 AVRIL

L'amour ne fait peut-être pas tourner
le monde, mais je dois admettre
qu'il rend le voyage intéressant.

~ SEAN CONNERY

28 AVRIL

Les passions ne sont en elles-mêmes
ni bonnes ni mauvaises.

~ SAINT THOMAS D'AQUIN

29 avril

Ton amour est comme un tonnerre souterrain
et je ne sais plus si nous commençons le monde
ou si nous vivons l'agonie du temps.

~ Pablo Neruda

30 AVRIL

Par la caresse nous sortons de notre enfance
Mais un seul mot d'amour et c'est notre naissance.

~ PAUL ELUARD

MAI

BONHEUR

1er MAI

Mon bonheur a fleuri,
Il a fait des bourgeons,
C'était le paradis,
Ça s'voyait sur mon front.

~ Félix Leclerc

2 MAI

Le bonheur est parfois caché dans l'inconnu.

~ VICTOR HUGO

3 mai

Le bonheur
n'est pas un luxe.

~ Paul Claudel

4 MAI

Le bonheur est toujours à la portée
de celui qui sait le goûter.

~ LA ROCHEFOUCAULD

5 MAI

La beauté se
raconte encore
moins que
le bonheur.

~ SIMONE DE BEAUVOIR

6 MAI

L'argent des uns
n'a jamais fait le bonheur des autres.

~ Pierre Dac

7 MAI

Le vrai bonheur coûte peu ;
s'il est cher, il n'est pas d'une bonne espèce.

~ CHATEAUBRIAND

8 MAI

Le bonheur n’est jamais triste
ou gai. Il est le bonheur.

~ ARMAND SALACROU

9 MAI

Il peut y avoir de la honte
à être heureux tout seul.

~ ALBERT CAMUS

10 MAI

Dans le bonheur d'autrui,
je cherche mon bonheur.

~ CORNEILLE

11 MAI

Il est bien vrai que nous devons penser
au bonheur d'autrui ; mais on ne dit
pas assez que ce que nous pouvons
faire de mieux pour ceux qui nous
aiment, c'est encore d'être heureux.

~ ALAIN

12 MAI

« Nous avons inventé
le bonheur », diront
les derniers hommes
et ils cligneront de l'œil.

~ NIETZSCHE

13 MAI

Le bonheur est à ceux
qui se suffisent à eux-mêmes.

~ ARISTOTE

14 MAI

Le bonheur n'est jamais grandiose.

~ ALDOUS HUXLEY

15 MAI

Si tu veux comprendre le mot
de bonheur, il faut l'entendre comme
récompense et non comme but.

~ SAINT-EXUPÉRY

16 MAI

L'argent ne fait pas
le bonheur des pauvres.

~ COLUCHE

17 MAI

Il ne faut pas de tout pour faire un monde.
Il faut du bonheur et rien d'autre.

~ PAUL ELUARD

18 MAI

Le bonheur est une fleur
qu'il ne faut pas cueillir.

~ ANDRÉ MAUROIS

19 MAI

Manifester son bonheur est un devoir;
être ouvertement heureux
donne aux autres la preuve
que le bonheur est possible.

– ALBERT JACQUARD

20 MAI

Nous ne sommes jamais
ni si malheureux
ni si heureux qu'on le dit.

~ BALZAC

21 MAI

Tout bonheur commence
par un petit-déjeuner tranquille.

~ SOMERSET MAUGHAM

22 MAI

Le bonheur,
c'est tout de suite ou jamais.

~ MARCEL JOUHANDEAU

23 MAI

Le bonheur
est une contemplation active.

~ ANDRÉ SUARÈS

24 MAI

On n'est jamais heureux
qu'au petit bonheur.

~ HERVÉ BAZIN

25 MAI

La grande affaire
et la seule qu'on doive avoir,
c'est de vivre heureux.

~ VOLTAIRE

26 MAI

Espérer,
c'est être heureux.

~ ALAIN

27 MAI

Le bonheur n'existe pas.
Seul existe le désir d'y parvenir.

~ TCHÉKHOV

28 MAI

Il m'a fallu toute une vie
pour comprendre que
le bonheur se trouve
dans les petites choses et
non dans les paroxysmes
de l'extase.

~ ANAÏS NIN

29 MAI

Plus on est heureux,
moins on prête attention à son bonheur.

~ ALBERTO MORAVIA

30 MAI

Soyons reconnaissants envers
les gens qui nous rendent
heureux. Ils sont les jardiniers
qui font fleurir notre âme.

~ MARCEL PROUST

31 MAI

Sur les flots, sur les grands chemins,
nous poursuivons le bonheur.
Mais il est ici, le bonheur !

~ HORACE

JUIN
BEAUTÉ

1er JUIN

Et quelle matinée… toute fraîche,
un cadeau pour des enfants sur la plage.

~ Virginia Woolf

2 JUIN

Puisse mon cœur être toujours ouvert
aux petits oiseaux qui sont
les secrets du vivant.

~ E. E. CUMMINGS

3 JUIN

Vis au soleil, nage dans la mer,
bois l'air sauvage et salutaire.

~ Ralph Waldo Emerson

4 JUIN

L'essence de tout bel art
est la gratitude.

~ NIETZSCHE

5 JUIN

Rien n'est beau que le vrai :
le vrai seul est aimable.

~ BOILEAU

6 JUIN

Le spectacle de la nature
est toujours beau.

~ ARISTOTE

7 JUIN

Il n'appartient qu'à Dieu
de soumettre à la mesure
la beauté absolue.

~ ALBRECHT DÜRER

8 JUIN

Cela s'est passé.
Je sais aujourd'hui saluer
la beauté.

~ RIMBAUD

9 JUIN

La vraie beauté
est si particulière,
si nouvelle, qu'on
ne la reconnaît pas
pour la beauté.

~ MARCEL PROUST

10 JUIN

La beauté est partagée
en mille différentes manières.

~ PASCAL

11 JUIN

Toute beauté
est une joie éternelle.

~ JOHN KEATS

12 JUIN

La beauté sera convulsive
ou ne sera pas.

~ ANDRÉ BRETON

13 JUIN

La beauté, ce n'est pas autre chose que l'infini contenu dans un contour.

~ VICTOR HUGO

14 JUIN

La beauté de la terre se crée elle-même,
à chaque minute. Ce qu'il y a de prodigieux
en elle, c'est qu'elle est éphémère.

~ JEAN GIRAUDOUX

15 JUIN

Chaque expérience
de beauté, si brève
dans le temps tout
en transcendant le temps,
nous restitue chaque fois
la fraîcheur
du matin du monde.

~ FRANÇOIS CHENG

16 JUIN

Je crois en Dieu,
sauf que je l'appelle
Nature.

~ FRANK LLOYD WRIGHT

17 JUIN

C'est à cause que tout doit finir
que tout est si beau.

~ Charles-Ferdinand Ramuz

18 JUIN

Le cœur le plus sensible à la beauté des fleurs
est toujours le premier blessé par les épines.

~ THOMAS MOORE

19 JUIN

J'oserai dire qu'il n'y a de
vrai au monde que le beau.

~ ANATOLE FRANCE

20 JUIN

La beauté est
un mystère qui danse
et chante dans
le temps et au-delà du
temps. Depuis toujours
et à jamais. Elle est
incompréhensible...
Elle est dans l'œil qui
regarde, dans l'oreille
qui écoute autant que
dans l'objet admiré...

~ JEAN D'ORMESSON

21 JUIN

La beauté n'est pas un besoin
mais un ravissement.

~ KHALIL GIBRAN

22 JUIN

Dans nos ténèbres,
il n'y a pas une place pour la beauté.
Toute la place est pour la beauté.

~ RENÉ CHAR

23 JUIN

La beauté
n'est que la promesse
du bonheur.

~ STENDHAL

24 JUIN

Heureuse la beauté
que le poète adore !

~ LAMARTINE

25 JUIN

Marche comme si tu embrassais
la Terre avec tes pieds.

~ THICH NHAT HANH

26 juin

Nuages et vêtements font obstacle
à la contemplation. La beauté et l'infini
veulent être regardés sans voiles.

~ Victor Hugo

27 JUIN

Le monde est beau et tout est là.

~ ALBERT CAMUS

28 JUIN

Beauté, mon beau souci...

~ MALHERBE

29 JUIN

La possibilité de plaisir peut être
un commencement de beauté.

~ MARCEL PROUST

30 JUIN

Ce que je préférerais,
c'est d'aimer la terre comme l'aime
la lune et de n'effleurer sa beauté
que des yeux.

~ NIETZSCHE

JUILLET

AVENTURE

1er Juillet

La grande aventure, c'est de voir
surgir quelque chose d'inconnu,
chaque jour, dans le même visage.
C'est plus grand que tous les
voyages autour du monde.

~ Alberto Giacometti

2 JUILLET

On ne repousse pas ses limites,
on les découvre.

~ JEAN-LOUIS ÉTIENNE

3 JUILLET

On n'a pas besoin de connaître des aventures extraordinaires dans les mers du Sud pour avoir une vie passionnante.

~ PHILIPPE DELERM

4 JUILLET

Faire ses valises,
c'est commencer l'aventure.

~ MICHEL LANGROGNET

5 JUILLET

La vie est une aventure
terrible et une aventure
qu'on court si seul
qu'on se trouve parfois bien
aise de se croire accompagné
sur un bout de chemin.

~ Françoise Chandernagor

6 JUILLET

Quand il n'y aurait qu'une chance sur mille
de trouver l'aventure au coin de la rue,
il faudrait aller au coin de la rue.

~ MONTHERLANT

7 JUILLET

J'ai tout largué pour cette vie-là
et je veux en faire
une aventure absolue.

~ MIOSSEC

8 JUILLET

Le rivage est plus sûr,
mais j'aime me battre avec les flots.

~ EMILY DICKINSON

9 JUILLET

Aimer est une aventure sans carte
et sans compas où seule la prudence égare.

~ ROMAIN GARY

10 JUILLET

Nous ne devons pas tenter de sauver
le monde, mais de subsister : c'est la seule
véritable aventure qui s'offre encore à nous,
en cette heure tardive de l'histoire.

~ FRIEDRICH DÜRRENMATT

11 JUILLET

Tu ne manqueras pas d'arriver quelque part,
si tu marches assez longtemps.

~ LEWIS CARROLL

12 JUILLET

Seulement ceux qui
prendront le risque
d'aller trop loin
découvriront jusqu'où
on peut aller.

~ T. S. ELIOT

13 JUILLET

Plus le péril est grand,
plus doux en est le fruit.

~ CORNEILLE

14 JUILLET

Impose ta chance, serre ton bonheur
et va vers ton risque.
À te regarder, ils s'habitueront.

~ RENÉ CHAR

15 JUILLET

L'aventure est dans chaque souffle de vent.

~ CHARLES LINDBERGH

16 JUILLET

Si on ne se met pas en question, si on ne court pas une vraie aventure, au bout de laquelle on sera vainqueur ou vaincu avec le risque de se casser la gueule, alors ça n'a aucun intérêt.

~ LOUIS GUILLOUX

17 JUILLET

Qui ne risque rien n'a rien.
Qui risque beaucoup
prend pas mal de coups.

~ MICHEL LANGROGNET

18 JUILLET

On peut être poète dans tous les domaines :
il suffit que l'on soit aventureux
et que l'on aille à la découverte.

~ APOLLINAIRE

19 JUILLET

Pour que l'événement
le plus banal devienne
une aventure, il faut
et il suffit qu'on se mette
à le raconter.

~ JEAN-PAUL SARTRE

20 JUILLET

L'aventure commence à l'aurore
À l'aurore de chaque matin...

~ JACQUES BREL

21 JUILLET

Sur les chemins sans
risques on n'envoie
que les faibles.

~ HERMANN HESSE

22 JUILLET

Si vous respectez toutes les règles,
vous ratez tout le plaisir.

~ KATHARINE HEPBURN

23 JUILLET

Vivre est si saisissant qu'il reste peu de place pour d'autres occupations.

~ EMILY DICKINSON

24 JUILLET

Le sel de
l'existence est
essentiellement
dans le poivre
qu'on y met.

~ Alphonse Allais

25 JUILLET

La vie est un défi à relever,
un bonheur à mériter,
une aventure à tenter.

~ MÈRE TERESA

26 JUILLET

C'est grâce aux risques que l'on prend
que la vie devient vivable.

~ CHARLOTTE RAMPLING

27 JUILLET

On ne va jamais aussi loin
que lorsqu'on ne sait pas où l'on va.

~ CROMWELL

28 JUILLET

La joie est dans le risque
à faire du neuf.

~ DIDEROT

29 JUILLET

Aventure :
façon d'embrasser le monde.

~ MILAN KUNDERA

30 JUILLET

Toute aventure humaine,
quelque singulière qu'elle paraisse,
engage l'humanité entière.

~ JEAN-PAUL SARTRE

31 JUILLET

Chacun de nous, dans son existence,
a tout au plus une grande aventure,
et le secret de la vie
est de reproduire cette aventure
le plus souvent possible.

~ OSCAR WILDE

AOÛT

INTIMITÉ

1er AOÛT

L'amour commence
à la maison.

– Mère Teresa

2 AOÛT

On n'est chez soi qu'heureux.

~ MARCEL JOUHANDEAU

3 AOÛT

Il faut cultiver notre jardin.

~ VOLTAIRE

4 AOÛT

Ô l'amour d'une mère ! amour que nul n'oublie !
Pain merveilleux qu'un dieu partage et multiplie !
Table toujours servie au paternel foyer !
Chacun en a sa part et tous l'ont tout entier !

– VICTOR HUGO

5 AOÛT

Ah ! si vous saviez comme on pleure
De vivre seul et sans foyer,
Quelquefois devant ma demeure
Vous passeriez.

~ SULLY PRUDHOMME

6 AOÛT

Là où on s'aime,
il ne fait jamais nuit.

~ DICTON AFRICAIN

7 AOÛT

Ah ! qu'il est bon au retour, le foyer,
Et qu'il est doux, le vieux lit de noyer,
Quand on s'y couche, après un long voyage.

~ VERLAINE

8 AOÛT

La maison, le foyer,
c'est n'importe où pourvu qu'il y ait la télé.

~ ANTHONY BURGESS

9 AOÛT

Les hommes font les maisons,
mais les femmes font les foyers.

~ PROVERBE ANGLAIS

10 AOÛT

Il n'y a pas d'endroit plus merveilleux
que son propre coin du feu.

~ CICÉRON

11 AOÛT

Reste ô mon cœur,
reste au foyer !
Ceux qui voyagent
sans savoir où
sont pleins de trouble
et d'inquiétude.
Notre maison,
c'est la quiétude.

~ HENRY WADSWORTH LONGFELLOW

12 AOÛT

Archimède fut le premier à démontrer que,
lorsqu'on plonge un corps dans une baignoire,
le téléphone sonne.

– PIERRE DESPROGES

13 AOÛT

Un petit chez soi vaut mieux
qu'un grand chez les autres.

– PROVERBE FRANÇAIS

14 AOÛT

Buffle ou bison
Qu'importe
Si ma maison
Ouvre sa porte.

~ MICHEL LANGROGNET

15 AOÛT

C'est de l'or qu'un foyer à soi.

~ PROVERBE DANOIS

16 AOÛT

Tu vois, tout ce que tu veux,
tout ce que tu as
est déjà chez moi.

~ SERGE LAMA

17 AOÛT

Tu te rappelleras la beauté des caresses,
La douceur du foyer et le charme des soirs…

~ BAUDELAIRE

18 AOÛT

On voyage autour du monde
à la recherche de quelque chose
et on rentre chez soi pour le trouver.

~ GEORGE MOORE

19 AOÛT

Une maison sans femme ni feu
est comme un corps sans âme ni esprit.

~ BENJAMIN FRANKLIN

20 AOÛT

L'ornement d'une maison
ce sont les amis qui la fréquentent.

~ Ralph Waldo Emerson

21 AOÛT

Ce n'est pas le temps
ou l'occasion qui
déterminent l'intimité,
c'est une question
de disposition.

~ JANE AUSTEN

22 AOÛT

Pendant l'été, le soleil incendie les maisons trop sèches et couvre les murs d'une cendre grise ; on ne peut plus vivre alors que dans l'ombre des volets clos.

~ ALBERT CAMUS

23 AOÛT

Il n'y a de bonne intimité
que crépusculaire.

~ MICHEL TOURNIER

24 AOÛT

Le cœur est une petite maison,
même pas une maison, une niche,
même pas une niche,
un abri pour les moineaux.

~ Christian Bobin

25 AOÛT

Quand reverrai-je, hélas, de mon petit village
Fumer la cheminée, et en quelle saison
Reverrai-je le clos de ma pauvre maison,
Qui m'est une province, et beaucoup davantage.

~ DU BELLAY

26 AOÛT

Puissent les dieux te donner un mari,
un foyer et la grâce de la paix, car il n'y a rien
de plus grand et de meilleur que cela.

~ HOMÈRE

27 AOÛT

Ouvrez la porte de votre foyer
et votre cœur à toutes les générations.

~ JEAN-PAUL II

28 AOÛT

Un foyer ne doit pas être un lieu
où l'on séjourne, mais un lieu où l'on revient.

~ MONTHERLANT

29 AOÛT

Le bonheur est à votre foyer,
ne le cherchez pas
dans le jardin des étrangers.

~ DOUGLAS JERROLD

30 AOÛT

Vivez si m'en croyez n'attendez à demain,
Cueillez dès aujourd'hui les roses de la vie.

~ RONSARD

31 AOÛT

Chassez vos illusions :
l'herbe n'est pas plus verte ailleurs.

~ ANONYME

SEPTEMBRE
CONFIANCE

1er SEPTEMBRE

Un homme qui ne se fie pas
à soi-même ne se fie
vraisemblablement à personne.

~ Cardinal de Retz

2 SEPTEMBRE

Soyez comme l'oiseau posé pour un instant
sur des rameaux trop frêles qui sent plier
la branche, et qui chante pourtant,
sachant qu'il a des ailes.

~ VICTOR HUGO

3 SEPTEMBRE

La confiance n'est pas juste
ce que vous avez,
mais ce que vous faites.

~ BARACK OBAMA

4 SEPTEMBRE

Tout ce dont vous avez besoin
pour réussir dans la vie est l'ignorance
et la confiance.

~ Mark Twain

5 SEPTEMBRE

Ce qui manque souvent aux sociétés
humaines pour aller de l'avant,
c'est la confiance en elles-mêmes.

~ PIERRE JAKEZ HÉLIAS

6 SEPTEMBRE

Il faut faire tourner le moulin
quand le vent souffle.

~ PROVERBE FRANÇAIS

7 SEPTEMBRE

L'espérance de lendemains,
ce sont mes fêtes.

~ RUTEBEUF

8 SEPTEMBRE

On a la foi ou on ne l'a pas, mais moi,
je refuse de désespérer de l'Afrique.
Ce serait refuser d'espérer,
tout simplement.

~ AIMÉ CÉSAIRE

9 SEPTEMBRE

Il y a en chacun de nous des calculs que nous nommons espérance.

~ PLATON

10 SEPTEMBRE

Si vous entendez une voix
en vous qui dit :
« tu ne peux pas peindre »,
alors peignez par tous les moyens
et cette voix se taira.

~ VINCENT VAN GOGH

11 SEPTEMBRE

Ne songeons plus au passé que lorsqu'il nous apporte du plaisir, et contemplons l'avenir avec confiance et espoir.

– P. D. JAMES

12 SEPTEMBRE

Tant qu'il y a de la vie
il y a de l'espoir.

– PROVERBE FRANÇAIS

13 SEPTEMBRE

Qui a confiance en soi
conduit les autres.

~ HORACE

14 SEPTEMBRE

La confiance
est l'une des possibilités
divines de l'homme.

~ MONTHERLANT

15 SEPTEMBRE

J'ai toujours un espoir
parce que je crois en l'homme.

~ AIMÉ CÉSAIRE

16 SEPTEMBRE

Un désir nous semble plus beau, nous nous appuyons à lui avec plus de confiance quand nous savons qu'en dehors de nous la réalité s'y conforme, même si pour nous il n'est pas réalisable.

~ MARCEL PROUST

17 SEPTEMBRE

Au royaume de l'espoir, il n'y a pas d'hiver.

~ PROVERBE RUSSE

18 SEPTEMBRE

La confiance est un élément majeur : sans elle, aucun projet n'aboutit.

~ ÉRIC TABARLY

19 SEPTEMBRE

L'on est plus souvent dupe
par la défiance que par la confiance.

~ CARDINAL DE RETZ

20 SEPTEMBRE

Porter sa confiance en la vie comme un cierge.
Trouver en soi dans les plus noires épreuves
le fil d'Ariane qui ramènera vers la lumière.

~ CATHERINE II DE RUSSIE

21 SEPTEMBRE

C'est faire confiance
à la vie que se mesurer
avec l'impossible.

~ Panaït Istrati

22 SEPTEMBRE

Avoir confiance,
c'est avoir des ailes.

~ J. M. BARRIE

23 SEPTEMBRE

Aie confiance en toi-même,
et tu sauras vivre.

~ GOETHE

24 septembre

Pour que les gens méritent notre confiance,
il faut commencer par la leur donner.

~ Marcel Pagnol

25 SEPTEMBRE

Je n'ai aucune confiance en quelqu'un qui porte
à la fois une ceinture et des bretelles…
en quelqu'un qui doute de son pantalon.

~ SERGIO LEONE

26 SEPTEMBRE

L'amour est vraiment
cette confiance faite au hasard.

~ ALAIN BADIOU

27 SEPTEMBRE

Il n'y a pas d'amour sans confiance.

~ MUSSET

28 SEPTEMBRE

Impossible n'est pas une déclaration.
C'est un défi. L'impossible est potentiel.
L'impossible est temporaire.
L'impossible n'est rien.

– MUHAMMAD ALI

29 SEPTEMBRE

On ne doit pas accorder
sa confiance à quelqu'un
qui ne sourit jamais.

~ MONTHERLANT

30 SEPTEMBRE

La vie est un naufrage,
mais nous ne devons pas oublier de chanter
dans les canots de sauvetage.

~ VOLTAIRE

OCTOBRE

PERSPECTIVE

1er OCTOBRE

Les hommes et les affaires ont leur point de perspective. Il y en a qu'il faut voir de près pour en bien juger, et d'autres dont on ne juge jamais si bien que quand on en est éloigné.

~ La Rochefoucauld

2 OCTOBRE

Les hommes voient tout
des mêmes yeux, mais les points
de vue sont différents.

~ PROVERBE CHINOIS

3 OCTOBRE

Le genre humain
a toujours été en progrès
et continuera toujours
de l'être à l'avenir :
ce qui ouvre une
perspective à perte
de vue dans le temps.

~ KANT

4 OCTOBRE

L'arc en ciel, pour les scientifiques,
Est réfraction de gouttes d'eau.
Pour le poète mystique,
C'est d'un Dieu le cadeau.

~ MICHEL LANGROGNET

5 OCTOBRE

L'âge ne vous protège pas des dangers de l'amour. Mais l'amour, dans une certaine mesure, vous protège des dangers de l'âge.

~ JEANNE MOREAU

6 OCTOBRE

L'amour, comme le reste, n'est qu'une façon de voir et de sentir. C'est un point de vue un peu plus élevé, un peu plus large ; on y découvre des perspectives infinies et des horizons sans bornes.

~ FLAUBERT

7 OCTOBRE

Si ton œil était plus aigu
tu verrais tout en mouvement.

~ NIETSZCHE

8 OCTOBRE

Le besoin de poésie
est aussi important
que le besoin de pain.

~ LÉON TROTSKI

9 OCTOBRE

L'heure de la fin des découvertes
ne sonne jamais.

~ COLETTE

10 OCTOBRE

Peut-être qu'un cheval à l'humeur insolite
Un soir qu'il fera gris ou qu'il aura neigé
Posera son museau de soleil dans mes vitres.

~ René Guy Cadou

11 OCTOBRE

Gravez dans votre cœur que chaque jour est le plus beau jour de l'année.

–RALPH WALDO EMERSON

12 OCTOBRE

Nos anniversaires
sont les plumes
de la grande aile du temps.

~ JEAN PAUL

13 OCTOBRE

Il ne faut pas gâter les choses présentes
par le désir des absences, mais considérer
que celles-là même étaient appelées de nos vœux.

~ ÉPICURE

14 OCTOBRE

Même si la pluie redouble,
ne prends pas
deux parapluies.

~ MICHEL LANGROGNET

15 OCTOBRE

Puisque nous ne pouvons pas changer la réalité, changeons les yeux qui voient la réalité.

~ Nikos Kazantzakis

16 OCTOBRE

Quand tout semble être contre vous,
pensez que l'avion décolle contre le vent
et non avec lui.

–HENRY FORD

17 OCTOBRE

Même considérée du point de vue
de l'individu, la création artistique
rend la vie plus intense.
Elle rend plus profondément
heureux, elle use aussi plus vite.

~ THOMAS MANN

18 OCTOBRE

Le point de vue le plus simple
est toujours le meilleur.

~ CHARLIE CHAPLIN

19 OCTOBRE

Rien n'est bon ni mauvais en soi,
tout dépend de ce que l'on en pense.

~ SHAKESPEARE

20 OCTOBRE

Que l'importance
soit dans ton regard,
non dans la chose regardée !

~ ANDRÉ GIDE

21 OCTOBRE

Il y a toujours à regarder.

~ RAINER MARIA RILKE

22 OCTOBRE

La perspective de jouir demain
ne me consolera jamais de l'ennui d'aujourd'hui.

~ SLOGAN DE MAI 68

23 OCTOBRE

Tout ce que l'artiste peut espérer de mieux, c'est d'engager ceux qui ont des yeux à regarder aussi.

~ GEORGE SAND

24 OCTOBRE

L'amour vit
de petites choses aimables.

~THEODOR FONTANE

25 OCTOBRE

Il y a des fleurs partout
pour qui veut bien les voir.

~ Henri Matisse

26 OCTOBRE

Il nous faut regarder
ce qu'il y a de beau...

–JACQUES BREL

27 OCTOBRE

Les souvenirs distordent la perspective,
et les plus vivaces ont le pouvoir
d'annihiler complètement le temps
pendant qu'on est sous leur emprise.

~ STEPHEN KING

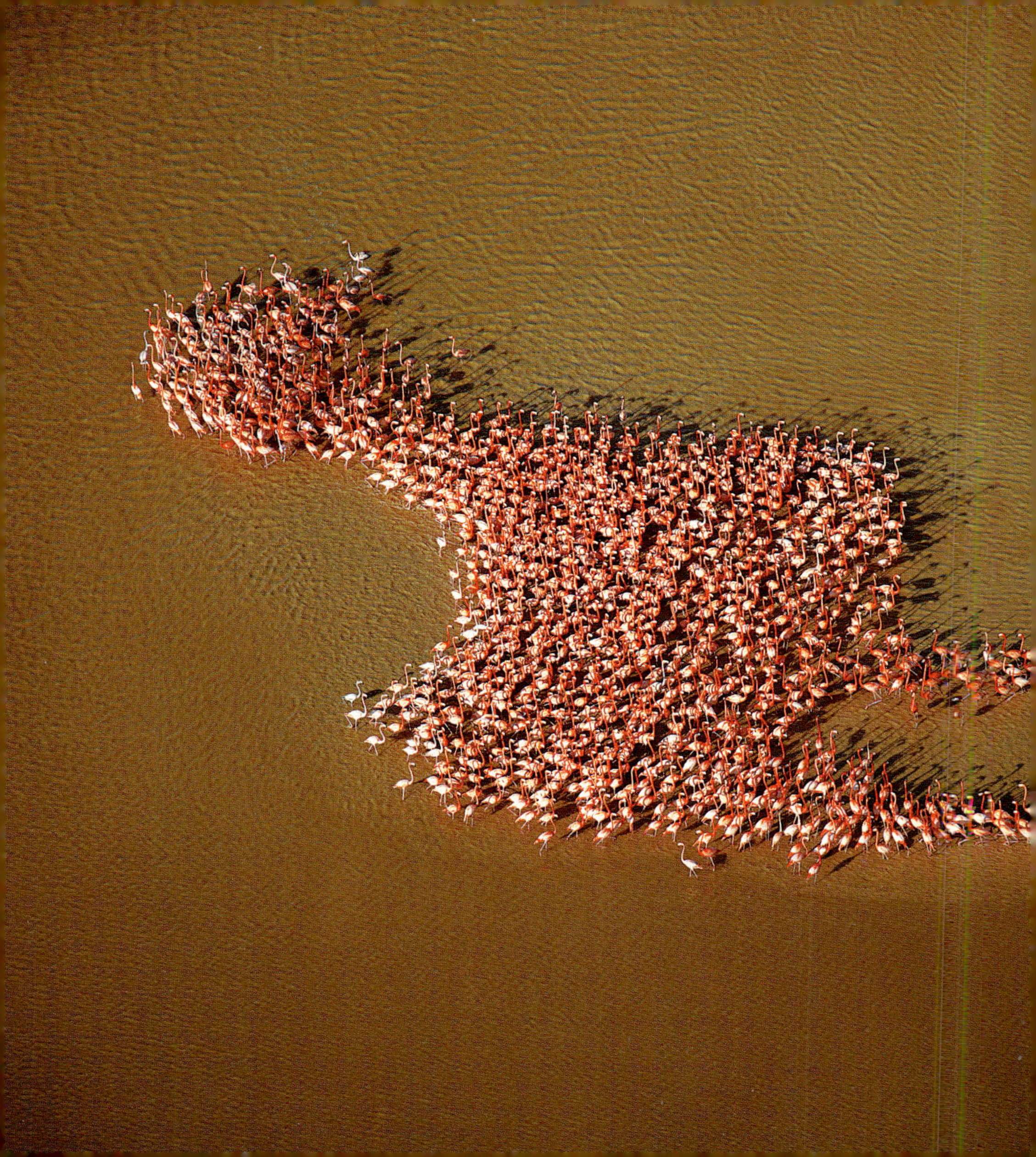

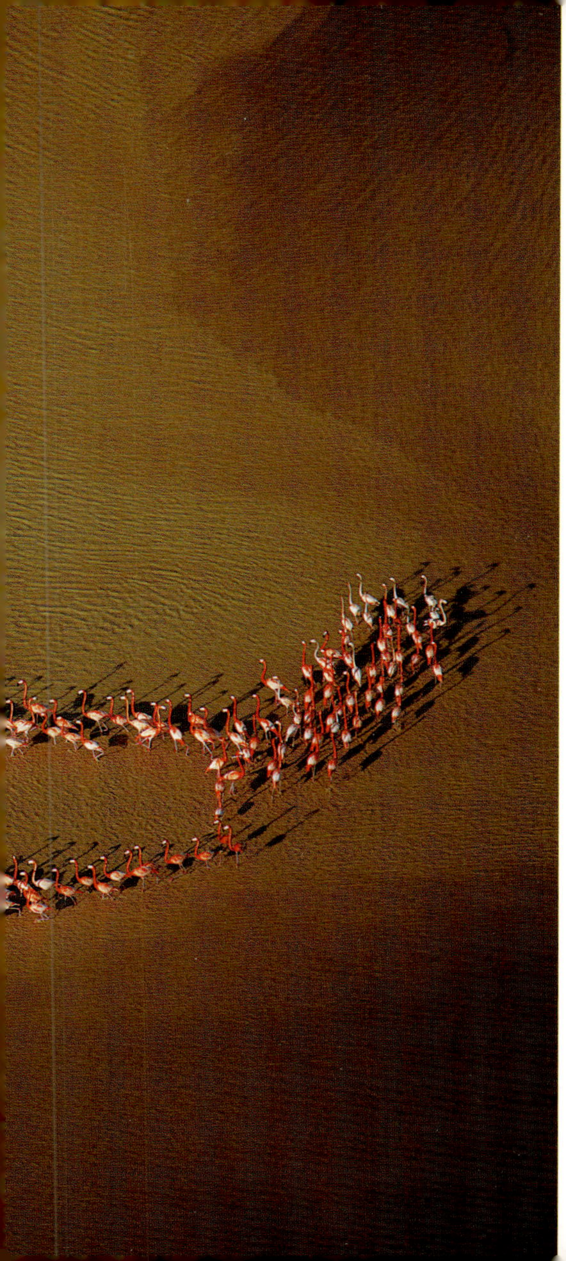

28 OCTOBRE

La seule chose absolue
dans un monde comme
le nôtre, c’est l’humour.

~ EINSTEIN

29 OCTOBRE

Telle est ma vision. J'aspire à un temps où l'homme aura une perspective plus haute et plus vaste que son ventre.

~ JACK LONDON

30 OCTOBRE

Chaque chose nous impose tacitement une distance spécifique et une perspective déterminée. Qui veut voir l'univers comme il est doit accepter cette loi de courtoisie cosmique.

~ José Ortega y Gasset

31 OCTOBRE

Une mauvaise herbe
n'est rien d'autre
qu'une fleur déguisée.

~ JAMES RUSSELL LOWELL

NOVEMBRE

SAGESSE

1er NOVEMBRE

La plus constante
marque de la sagesse,
c'est une constante
réjouissance.

~ MONTAIGNE

2 NOVEMBRE

Les petits cadeaux entretiennent l'amitié

~ PROVERBE FRANÇAIS

3 NOVEMBRE

Chaque jour, vous tissez votre vie.
Choisissez bien les fils.

~ MICHEL LANGROGNET

4 NOVEMBRE

La contemplation du temps
est la clef de la vie humaine.

~ SIMONE WEIL

5 NOVEMBRE

La sagesse suprême est d'avoir des rêves
assez grands pour ne pas les perdre
du regard tandis qu'on les poursuit.

~ FAULKNER

6 NOVEMBRE

La vie doit être dépensée,
pas épargnée.

~ D. H. LAWRENCE

7 NOVEMBRE

La musique est
une révélation plus haute
que toute sagesse
et toute philosophie.

~ BEETHOVEN

8 NOVEMBRE

La tendresse a des secondes
qui battent plus lentement que les autres.

~ ROMAIN GARY

9 NOVEMBRE

Vivre ce n'est pas se trouver,
c'est se créer.

~ GEORGE BERNARD SHAW

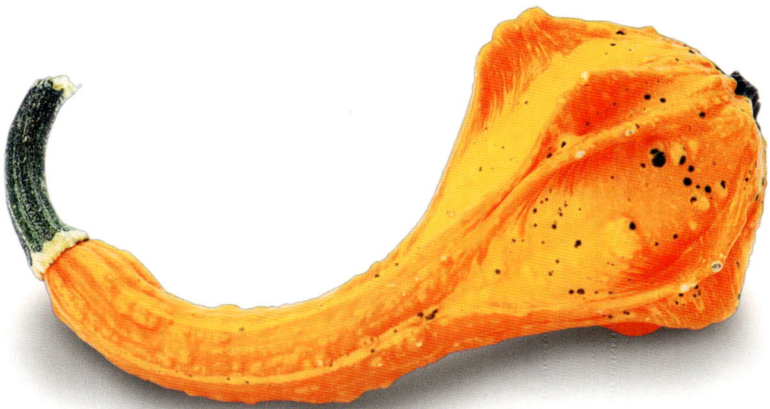

10 NOVEMBRE

Notre vie est une création de notre esprit.

~ BOUDDHA

11 NOVEMBRE

On dit que le temps change les choses,
mais en fait, c'est à vous de les changer.

~ ANDY WARHOL

12 NOVEMBRE

Vivre est la chose la plus rare au monde.
La plupart des gens existent, c'est tout.

~ OSCAR WILDE

13 NOVEMBRE

Le plus grand obstacle à la vie,
c'est l'attente qui se suspend au lendemain
et ruine l'aujourd'hui.

~ SÉNÈQUE

14 NOVEMBRE

Faut être bête comme l'homme l'est si souvent
pour dire des choses aussi bêtes
que bête comme ses pieds.

~ Jacques Prévert

15 NOVEMBRE

La gratitude, c'est quand
les souvenirs sont gravés
dans le cœur, et non dans l'esprit.

~ LIONEL HAMPTON

16 NOVEMBRE

Si tu as une pomme, que j'ai une pomme, et que l'on échange nos pommes, nous aurons chacun une pomme.
Mais si tu as une idée, que j'ai une idée et que l'on échange nos idées, nous aurons chacun deux idées.

~ GEORGE BERNARD SHAW

17 NOVEMBRE

Mon métier et mon art,
c'est vivre.

~ Montaigne

18 NOVEMBRE

Il faut aimer
les hommes et les servir,
sans espoir de justice
et de gratitude.

~ Henri Frédéric Amiel

19 NOVEMBRE

Notre vie est pour une grande part composée de rêves. Il faut les rattacher à l'action.

~ ANAÏS NIN

20 NOVEMBRE

Tous nos tourments sur ce qui nous manque
me semblent procéder du défaut de gratitude
pour ce que nous avons.

~ Daniel Defoe

21 NOVEMBRE

Dieu a crée l'homme
comme une merveilleuse pierre précieuse,
dans laquelle se mire toute la création.

~ HILDEGARDE DE BINGEN

22 NOVEMBRE

La conscience est un trait d'union
entre ce qui a été et ce qui sera,
un pont jeté entre le passé et l'avenir.

~ BERGSON

23 NOVEMBRE

Les choses ne changent pas ;
nous changeons.

~ HENRY DAVID THOREAU

24 novembre

Il n'est jamais trop tard pour bien faire.

~ Proverbe français

25 NOVEMBRE

La gratitude
est la caractéristique
des nobles âmes.

~ ÉSOPE

26 NOVEMBRE

Oublie les offenses, n'oublie jamais les bontés.

~ CONFUCIUS

27 NOVEMBRE

Une simple pensée de gratitude dirigée vers le ciel
est la plus parfaite des prières.

~ GOTTHOLD EPHRAÏM LESSING

28 NOVEMBRE

Charité hypocrite qui donne dix sous
pour avoir vingt francs de gratitude.

~ Jules Renard

29 NOVEMBRE

Connais toi toi-même
et deviens qui tu es.

~ SOCRATE

30 NOVEMBRE

La gratitude rend heureux
parce qu'on en fait si rarement
l'expérience tangible.

~ STEFAN ZWEIG

DÉCEMBRE

HARMONIE

1er DÉCEMBRE

Le désarmement extérieur passe par le désarmement intérieur. Le seul vrai garant de la paix est en soi.

~ DALAÏ LAMA

2 DÉCEMBRE

De toutes les couleurs du bonheur,
le rouge sang est la meilleure :
elle vient du cœur.

~ MICHEL LANGROGNET

3 DÉCEMBRE

L'immense apaisement de ma sérénité.

~ VICTOR HUGO

4 DÉCEMBRE

Les petites choses n'ont l'air
de rien, mais elles donnent la paix.

~ Georges Bernanos

5 DÉCEMBRE

C'est une belle harmonie
quand le dire et le faire vont ensemble.

~ MONTAIGNE

6 DÉCEMBRE

La musique met l'âme en harmonie
avec tout ce qui existe.

~ OSCAR WILDE

7 DÉCEMBRE

La réalité,
quelle qu'elle soit,
est bien plus belle
que l'illusion.

~ SACHA GUITRY

Au plus fort de l'orage,
il y a toujours un oiseau
pour nous rassurer.
C'est l'oiseau inconnu.
Il chante avant
de s'envoler.

~ RENÉ CHAR

9 DÉCEMBRE

J'ai adopté pour idéal une société démocratique
et libre où tout le monde vivrait ensemble
dans la paix et avec des chances égales.

~ NELSON MANDELA

10 DÉCEMBRE

Les saisons sont
ce qu'une symphonie devrait être :
quatre mouvements parfaits
en harmonie intime
les uns avec les autres.

~ ARTHUR RUBINSTEIN

11 DÉCEMBRE

Paix et tranquillité, voilà le bonheur.

~ PROVERBE CHINOIS

12 DÉCEMBRE

Mettre tout en équilibre, c'est bien ;
mettre tout en harmonie, c'est mieux.

~ VICTOR HUGO

13 DÉCEMBRE

Ce que nous appelons bonheur
consiste dans l'harmonie et la sérénité.

~ THOMAS MANN

14 DÉCEMBRE

À l'arbre du silence
pend son fruit,
la tranquillité.

~ SCHOPENHAUER

15 DÉCEMBRE

La vie n'est supportable que lorsque le corps
et l'âme vivent en parfaite harmonie, qu'il existe
un équilibre naturel entre eux, et qu'ils ont,
l'un pour l'autre, un respect réciproque.

~ D. H. LAWRENCE

16 DÉCEMBRE

Tant de mains pour transformer ce monde
et si peu de regards pour le contempler.

~ JULIEN GRACQ

17 DÉCEMBRE

Le désert n'ayant pas donné
de concurrent au sable,
grande est la paix du désert.

~ HENRI MICHAUX

18 DÉCEMBRE

On a deux vies. La deuxième commence le jour où on réalise qu'on en a juste une.

~ CONFUCIUS

19 DÉCEMBRE

Jouir est tout,
l'heure est rapide.

~ VICTOR HUGO

20 DÉCEMBRE

Optimisme, générosité, complicité, harmonie font avancer le monde. Demain sera féminin.

~ MICHEL HOUELLEBECQ

21 DÉCEMBRE

On se demande parfois si la vie a un sens...
Et puis on rencontre des êtres
qui donnent un sens à la vie.

~ BRASSAÏ

22 DÉCEMBRE

Il y a une foncière gaieté du cœur qui n'appartient qu'aux bonnes gens.

-~ CHARLES NODIER

23 DÉCEMBRE

Lorsque l'homme est heureux,
il est en harmonie avec lui-même
et avec ce qui l'entoure.

~ OSCAR WILDE

24 DÉCEMBRE

Il est grand temps
de rallumer les étoiles.

~ APOLLINAIRE

25 DÉCEMBRE

Sérénité : il est grand taon
d'oublier les piqûres d'antan.

~ RAYMOND QUENEAU

26 DÉCEMBRE

Heureux l'homme
qui se nourrit des fruits
de sa terre et trouve
en son pays même
la satisfaction de sa vie.

~ ANDRÉ GIDE

27 DÉCEMBRE

Si nous sommes incapables de trouver
la tranquillité en nous-mêmes,
il ne sert à rien de la chercher ailleurs.

~ La Rochefoucauld

28 DÉCEMBRE

La bonne vie est
celle qui est inspirée
par l'amour et guidée
par la connaissance.

~ BERTRAND RUSSELL

29 DÉCEMBRE

Une lumière vous est donnée
pour discerner le bien du mal,
et aussi une volonté libre.

~ DANTE

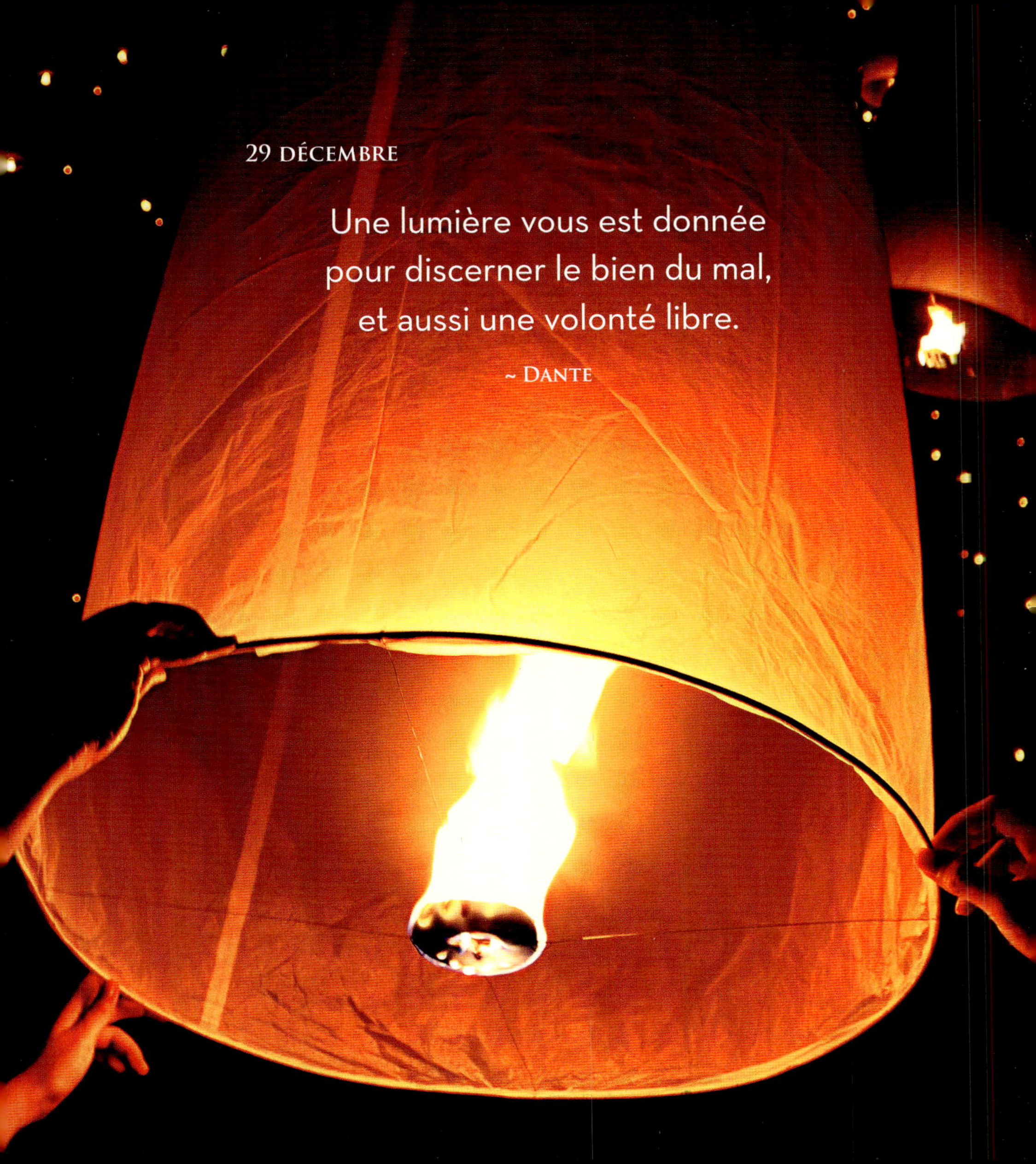

30 DÉCEMBRE

Le bonheur est le parfum de l'âme,
l'harmonie du cœur qui chante.

~ JEAN ROSTAND

31 DÉCEMBRE

Insistons sur le développement
de l'amour, la gentil esse,
la compréhension, la paix.
Le reste nous sera offert.

~ MÈRE TERESA

CRÉDITS

AUTEURS CITÉS

A

Alain (Émile Auguste Chartier, dit), *1868-1951*. Philosophe français (11/5, 26/5).

Ali, Muhammad, *né en 1942*. Boxeur américain (6/2, 28/9).

Allais, Alphonse, *1854-1905*. Écrivain français (24/7).

Amiel, Henri Frédéric, *1821-1881*. Écrivain suisse (12/1, 18/11).

Apollinaire (Wilhelm Apollinaris de Kostrowitzky, dit **Guillaume**), *1880-1918*. Poète français (31/3, 18/7, 24/12).

Aragon, Louis, *1897-1982*. Poète et romancier français (8/1).

Aristote, *384-322 av. J.-C.* Philosophe grec (16/3, 13/5).

Ashe, Arthur, *1943-1993*. Joueur de tennis américain (13/1).

Austen, Jane, *1775-1817*. Romancière anglaise (21/8).

B

Badiou, Alain, *né en 1937*. Philosophe français (26/9).

Balzac, Honoré de, *1799-1850*. Écrivain français (20/5).

Barrie, J. M. (James Matthew), *1860-1937*. Romancier et auteur dramatique écossais (22/9).

Barthes, Roland, *1915-1980*. Sémiologue et écrivain français (24/4).

Baudelaire, Charles, *1821-1867*. Poète français (23/4, 17/8).

Bazin, Hervé, *1911-1996*. Écrivain français (24/5).

Beaumarchais, Pierre Augustin Caron de, *1732-1799*. Auteur dramatique français (7/4).

Beauvoir, Simone de, *1908-1986*. Romancière et essayiste française (1/2, 22/2, 5/5).

Beethoven, Ludwig van, *1859-1941*. Compositeur allemand (7/11).

Bergson, Henri, *1859-1941*. Philosophe français (22/11).

Bernanos, Georges, *1888-1948*. Écrivain français (4/12).

Bernard, (Paul, dit **Tristan**), *1866-1947*. Écrivain français (20/3).

Blanche, Francis, *1921-1974*. Acteur et humoriste français (3/2).

Bobin, Christian, *né en 1951*. Écrivain français (24/8).

Boccace (Giovanni Boccaccio, dit), *1313-1375*. Écrivain italien (2/3).

Boileau, Nicolas, *1636-1711*. Écrivain français (5/6).

Bouddha (Siddhartha Gautama), *v. 536-v. 480 av. J.-C.* Philosophe indien (10/11).

Brassaï (Gyula Halász, dit), *1899-1984*. Photographe français d'origine hongroise (21/12).

Brassens, Georges, *1921-1981*. Auteur, compositeur et interprète français (22/3).

Brel, Jacques, *1929-1978*. Auteur, compositeur et interprète belge (28/25, 20/7, 26/10).

Breton, André, *1896-1966*. Écrivain français (12/6).

Brontë, Emily, *1818-1848*. Romancière et poète britannique (13/3).

Buck, Pearl, *1892-1973*. Romancière américaine (19/1).

Burgess, Anthony *1917-1993*. Écrivain britannique (8/8).

C

Cadou, René Guy, *1920-1951*. Poète français (10/10).

Campbell, Joseph, *1904-1987*. Auteur américain (14/1).

Camus, Albert, *1913-1960*. Écrivain français (15/3, 9/5, 27/6, 22/8).

Capote, Truman, *1924-1984*. Écrivain américain (1/4).

Carroll, Lewis, (Charles Lutwidge Dodgson), *1832-1898*. Écrivain anglais (11/7).

Catherine II de Russie, *1729-1796*. Impératrice de Russie (20/9).

Césaire, Aimé, *1913-2008*. Écrivain et homme politique français (8/9, 15/9).

Chandernagor, Françoise, *née en 1945*. Écrivaine française (5/7).

Chaplin (Charles Spencer Chaplin, dit **Charlie**), *1889-1977*. Acteur et cinéaste britannique (18/10).

Char, René, *1907-1988*. Poète français (29/1, 21/4, 22/6, 14/7, 8/12).

Chateaubriand, François René, vicomte de, *1768-1948*. Écrivain français (7/5).

Cheng, François, *né en 1929*. Écrivain français d'origine chinoise (15/6).

Christie, Agatha, *1890-1976*. Romancière anglaise (11/1).

Cicéron (en latin Marcus Tullius Cicero), *106-43 av. J.-C*. Homme politique et orateur romain (10/8).

Claudel, Paul, *1868-1955*. Écrivain français (17/1, 3/5).

Cocteau, Jean, *1889-1963*. Écrivain et cinéaste français (26/4).

Coelho, Paulo, *né en 1947*. Écrivain brésilien (10/1).

Colette, Sidonie-Gabrielle, *1873-1954*. Écrivaine française (3/3, 9/10).

Coluche (Michel Colucci, dit), *1944-1986*. Comique et acteur français (16/5).

Confucius, *v. 551-v. 479 av. J.-C*. Philosophe chinois (26/11, 18/12).

Connery (Thomas, dit **Sean**), *né en 1930*. Acteur écossais (27/4).

Corneille, Pierre, *1606-1684*. Poète et auteur dramatique français (10/5, 13/7).

Cromwell, Oliver, *1599-1658*. Homme d'État anglais (27/7).

Cummings, E. E. (Edward Estlin, dit), *1894-1962*. Écrivain américain (2/6).

D

Dac (André Isaac, dit **Pierre**), *1893-1975*. Humoriste et comédien français (6/5).

Dalaï-lama (Tenzin Gyatso), *né en 1935*. Chef spirituel tibétain (1/12).

Dante Alighieri, *1265-1321*. Écrivain italien (29/12).

Defoe, Daniel, *1660-1731*. Écrivain britannique (20/11).

Delerm, Philippe, *né en 1950*. Écrivain français (3/7).

Deneuve, Catherine, *née en 1943*. Actrice française (4/3).

Desbordes-Valmore, Marceline, *1886-1859*. Poétesse française (22/4).

Desproges, Pierre, *1939-1988*. Humoriste français (12/8).

Dickinson, Emily *1830-1886*. Poétesse américaine (8/7, 23/7).

Diderot, Denis, *1713-1784*. Écrivain et philosophe français (28/7).

Dietrich (Marie Magdalene, dite **Marlene**), *1901-1992*. Actrice américaine d'origine allemande (6/3).

Du Bellay, Joachim, *1522-1560*. Poète français (25/8).

Dürer, Albrecht, *1471-1528*. Peintre et graveur allemand (7/6).

Dürrenmatt, Friedrich, *1921-1990*. Écrivain suisse (10/7).

E

Einstein, Albert, *1879-1955*. Physicien allemand naturalisé américain (28/10).

Eliot (Thomas Stearns, dit **T. S.**), *1888-1965*. Poète et auteur dramatique britannique (23/1, 12/7).

Eluard (Eugène Grindel, dit **Paul**), *1895-1952*. Poète français (16/4, 30/4, 17/5).

Emerson, Ralph Waldo, *1803-1882*. Philosophe américain (24/1, 19/3, 3/6, 20/8, 11/10).

Épicure, *341-270 av. J.-C.* Philosophe grec (13/10).

Ésope, *VIIe s.-VIe s. av. J.-C.* Fabuliste grec (25/11).

Étienne, Jean-Louis, *né en 1946*. Médecin et explorateur français (2/7).

F

Faulkner, William, *1897-1962*. Écrivain americain (5/11).

Ferrat (Jean Tenenbaum, dit **Jean**), *1930-2010*. Auteur, compositeur, interprète français (30/3).

Fitzgerald, Francis Scott, *1896-1940*. Écrivain americain (18/4).

Flaubert, Gustave, *1821-1880*. Écrivain français (6/10).

Fontane, Theodor, *1819-1898*. Écrivain allemand (24/10).

Ford, Henry, *1863-1947*. Industriel américain (16/10).

France (Anatole François Thibault, dit **Anatole**), *1844-1924*. Écrivain français (19/6).

François d'Assise, saint, *1182-1226*. Religieux italien (5/1).

Franklin, Benjamin, *1706-1790*. Physicien et homme politique américain (19/8).

Freud, Sigmund, *1856-1939*. Médecin autrichien, fondateur de la psychanalyse (20/1).

G

Gandhi, Indira, *1917-1984*. Femme politique indienne (3/1).

Gary (Romain Kacew, dit **Romain**), *1914-1980*. Écrivain français (9/7, 8/11).

Giacometti, Alberto, *1901-1966*. Sculpteur et peintre suisse (1/7).

Gibran, Kahlil, *1883-1931*. Poète, philosophe et peintre libanais (21/6).

Gide, André, *1869-1951*. Écrivain français (20/10, 26/12).

Ginsberg, Allen, *1926-1997*. Poète americain (1/1).

Giraudoux, Jean, *1882-1944*. Écrivain français (14/6).

Goethe, Johann Wolfgang von, *1749-1832*. Écrivain allemand (13/6, 23/9).

Gracq (Louis Poirier, dit **Julien**), *1910-2007*. Écrivain français (16/12).

Graham, Katharine, *1917-2001*. Éditrice de presse américaine (4/1).

Guilloux, Louis, *1899-1980*. Écrivain français (16/7).

Guitry, Sacha, *1885-1957*. Acteur, auteur dramatique et cinéaste français (7/12).

H

Hampton, Lionel, *1908-2002*. Musicien de jazz américain (15/11).

Hanh, Thich Nhat, *né en 1926*. Moine bouddhiste et poète vietnamien (25/6).

Hélias, Pierre Jakez, *1914-1995*. Écrivain français (5/9).

Hepburn, Katharine, *1907-2003*. Actrice américaine (22/7).

Hesse, Hermann, *1877-1962*. Écrivain suisse d'origine allemande (21/7).

Hildegarde de Bingen, sainte, *1098-1179*. Mystique allemande (21/11).

Horace, *65-8 av. J.-C.* Poète latin (27/8, 13/9).

Houellebecq (Michel Thomas, dit **Michel**), *né en 1956*. Écrivain français (20/12).

Hugo, Victor, *1802-1885*. Poète et écrivain français (15/2, 20/2, 2/5, 13/6, 26/6, 4/8, 2/9, 3/12, 12/12, 19/12).

Huxley, Aldous, *1894-1963*. Écrivain britannique (8/3).

I-J-K

Iñárritu, Alejandro González, *né en 1963*. Cinéaste mexicain (9/1).

Istrati, Panaït, *1884-1935*. Écrivain roumain d'expression française (21/9).

Jacquard, Albert, *1925-2013*. Généticien et essayiste français (19/5).

James (Phyllis Dorothy, dite, **P. D.**), *1920-2014*. Écrivaine britannique (11/9).

Jean Paul (Johann Paul Friedrich Richter, dit), *1763-1825*. Écrivain allemand (12/10).

Jean-Paul II (Karol Wojtyla), *1920-2005*. Pape polonais (5/2, 27/8).

Jerrold, Douglas, *1893-1964*. Journaliste et humoriste anglais. (29/8).

Jouhandeau, Marcel, *1888-1979*. Écrivain français (18/12).

Kant, Emmanuel, *1724-1804*. Philosophe allemand (3/10).

Kazantzákis, Nikos, *1883-1957*. Écrivain grec (15/10).

Keats, John, *1795-1821*. Poète britannique (11/6).

King, Stephen, *né en 1947*. Écrivain américain (27/10).

Kipling, Rudyard, *1865-1936*. Écrivain britannique (24/3).

Kundera, Milan, *né en 1929*. Écrivain tchèque naturalisé français (27/2, 26/3, 29/7).

L

Labé, Louise, *1524-1566*. Poétesse française (2/4).

La Bruyère, Jean de, *1645-1696*. Écrivain français (21/2).

La Fontaine, Jean de, *1621-1695*. Poète et fabuliste français (28/3, 9/4).

Lama (Serge Claude Bernard Chauvier, dit **Serge**), *né en 1943*. Auteur, compositeur interprète français (16/8).

Lamartine, Alphonse de, *1790-1869*. Poète et homme politique français (25/4, 24/6).

Langrognet, Michel, *né en 1941*. Éditeur français (23/2, 5/3, 14/3, 19/4, 4/7, 17/7, 14/8, 4/10, 14/10, 3/11, 2/12).

La Rochefoucauld, François, duc de, *1613-1680*. Écrivain français (8/3, 4/5, 1/10, 27/12).

Lawrence (David Herbert, dit **D. H.**), *1885-1930*. Écrivain britannique (6/11, 15/12).

Leclerc, Félix, *1914-1988*. Auteur, compositeur, interprète canadien (1/5).

Leone, Sergio, *1929-1989*. Cinéaste italien (25/9).

Lessing, Gotthold Ephraïm, *1729-1781*. Écrivain et auteur dramatique allemand (27/11).

Lessing, Doris, *1919-2013*. Écrivaine britannique (7/1).

Lewis, (Clive Staples, dit **C. S.**), *1898-1963*. Écrivain britannique (9/3).

Lindbergh, Charles, *1902-1974*. Aviateur américain (15/7).

London, (John Griffith London, dit **Jack**), *1876-1916*. Écrivain américain (29/10).

Longfellow, Henry Wadsworth, *1807-1882*. Poète américain (11/8).

Lowell, James Russell, *1819-1891*. Poète américain (31/10).

M

Malherbe, François de, *1555-1628*. Poète français (28/6).

Mandela, Nelson, *1918-2013*. Homme politique sud-africain (9/12).

Mann, Thomas, *1875-1955*. Écrivain allemand (17/10, 13/12).

Marmontel, Jean-Francois, *1723-1798*. Écrivain français (24/2).

Matisse, Henri, *1869-1954*. Peintre français (25/10).

Maugham, Somerset, *1874-1965*. Écrivain britannique (21/5).

Maupassant, Guy de, *1850-1893*. Écrivain français (14/4).

Maurois, André, *1885-1967*. Écrivain français (16/4, 18/5).

Michaux, Henri, *1899-1984*. Poète et peintre français d'origine belge (17/12).

Miller, Henry, *1891-1980*. Écrivain américain (26/1).

Miossec, Christophe, *né en 1964*. Auteur, compositeur, interprète français (7/7).

Molière (Jean-Baptiste Poquelin, dit), *1622-1673*. Auteur dramatique français (30/1).

Montaigne, Michel Eyquem de, *1533-1592*. Écrivain français (12/3, 1/11, 9/11, 5/12).

Montessori, Maria, *1870-1952*. Médecin et pédagogue italienne (11/2).

Montherlant, Henry Millon de, *1895-1972*. Écrivain français (6/7, 28/8, 14/9, 29/9).

Moore, George, *1852-1933*. Écrivain et auteur dramatique irlandais (18/8).

Moore, Thomas, *1779-1852*. Poète irlandais (18/6).

Moravia (Alberto Pincherle, dit **Alberto**), *1907-1990*. Écrivain italien (29/5).

Moreau, Jeanne, *née en 1928*. Actrice française *(5/10)*.

Morin, Edgar, *né en 1921*. Sociologue français (17/4).

Musset, Alfred de, *1810-1857*. Poète et dramaturge français (4/4, 27/9).

N

Neruda (Neftali Ricardo Reyes, dit **Pablo**), *1904-1973*. Poète chilien (29/4).

Nietzsche, Friedrich, *1844-1900*. Philosophe allemand (14/2, 12/5, 4/6, 30/6, 7/10).

Nin, Anaïs, *1903-1977*. Écrivaine américaine (21/3, 28/5, 19/11).

Nodier, Charles, *1780-1844*. Écrivain français (25/12).

O-P

Obama, Barack Hussein, *né en 1961*. Homme politique américain (3/9).

Ormesson, Jean Lefèvre, comte d', *né en 1925*. Écrivain français (25/1, 20/6).

Ortega y Gasset, José, *1883-1955*. Philosophe et écrivain espagnol (30/10).

Pagnol, Marcel, *1895-1974*. Écrivain et cinéaste français (24/9).

Pascal, Blaise, *1623-1662*. Savant et philosophe français (20/4, 10/6).

Piaf (Édith Giovanna Gassion, dite **Édith**), *1915-1963*. Chanteuse française (10/4).

Platon, *428-348 av. J.-C.* Philosophe grec (7/3, 9/9).

Presley, Elvis, *1935-1977*. Chanteur américain (10/2).

Prévert, Jacques, *1900-1977*. Poète français (11/4, 14/11).

Proust, Marcel, *1871-1922*. Écrivain français (5/4, 30/5, 9/6, 29/6, 16/9).

Pythagore, *v. 570-v. 480 av. J.-C.* Philosophe et mathématicien grec (29/3).

Q-R

Queneau, Raymond, *1903-1976*. Écrivain français (25/12).

Rampling, Charlotte, *née en 1946*. Actrice britannique (26/7).

Ramuz, Charles-Ferdinand, *1878-1947*. Écrivain suisse (17/6).

Régnier, Mathurin, *1573-1613*. Poète français (6/1).

Renard, Jules, *1864-1910*. Écrivain français (4/2, 28/11).

Retz (Jean-François Paul de Gondi, **cardinal de**), *1613-1679*. Prélat et écrivain français (1/9, 19/9).

Rilke, Rainer Maria, *1875-1926*. Poète et écrivain autrichien (12/4, 21/10).

Rimbaud, Arthur, *1854-1891*. Poète français (8/6).

Roosevelt, Eleanor, *1884-1962*. Première dame des États-Unis (27/1).

Ronsard, Pierre de, *1524-1585*. Poète français (30/8).

Rostand, Jean, *1894-1977*. Biologiste et écrivain français (30/12).

Ruskin, John, *1819-1900*. Critique d'art et sociologue britannique (9/2).

Russell, Bertrand, *1872-1970*. Philosophe et logicien britannique (28/12).

Rutebeuf, *XIIIe siècle*. Poète français (17/3, 7/9).

S

Sagan, Carl, *1934-1996.* Astrophysicien américain (15/1).

Saint-Exupéry, Antoine de, *1900-1944.* Écrivain et aviateur français (28/1, 15/5).

Salacrou, Armand, *1899-1989.* Écrivain français (8/5).

Sand (Aurore Dupin, dite **George**), *1804-1876.* Romancière française (23/10).

Sartre, Jean-Paul, *1905-1980.* Philosophe et écrivain français (19/7, 30/7).

Schopenhauer, Arthur, *1788-1860.* Philosophe allemand (14/12).

Sénèque, *4 av. J.-C.- 65 apr. J.-C.* Philosophe et écrivain romain (13/11).

Shakespeare, William, *1564-1616.* Poète dramatique anglais (8/4, 19/10).

Shaw, George Bernard, *1856-1950.* Écrivain irlandais (16/11, 17/11).

Socrate, *470-399 av. J.-C.* Philosophe grec (29/11).

Souchon, Alain, *né en 1944.* Auteur, compositeur, interprète français (2/1).

Soupault, Philippe, *1897-1990.* Poète français (27/3).

Steinbeck, John, *1902-1968.* Romancier américain (16/1).

Stendhal (Henri Beyle, dit), *1783-1842.* Écrivain français (21/1, 23/8).

Stil, André, *1921-2004.* Journaliste et écrivain français (23/3).

Suarès, André, *1868-1948.* Écrivain français (23/5).

Sully Prudhomme (René, François, Armand Prudhomme, dit), *1839-1907.* Poète français (5/8).

T

Tabarly, Éric, *1931-1998.* Navigateur français (18/9).

Tagore, Rabindranath, *1861-1941.* Écrivain indien (12/2).

Tchekhov, Anton Pavlovitch, *1860-1904.* Écrivain russe (27/5).

Teresa (Agnes Gonxha Bojaxhiu, dite **Mère**), *1910-1997.* Religieuse indienne d'origine albanaise (8/2, 25/7, 7/8, 31/12).

Thomas d'Aquin, saint, *1225-1274.* Théologien italien (28/4).

Thoreau, Henry David, *1817-1862.* Écrivain américain (19/2, 23/11).

Thucydide, *v. 460-v. 395 av. J.-C.* Historien grec *(10/3).*

Tournier, Michel, *né en 1924.* Écrivain français (16/2, 23/8).

Trenet, Charles, *1913-2001.* Auteur, compositeur et chanteur français (13/4).

Trotski, (Lev Davidovitch Bronstein, dit **Leon**), *1879-1940.* Homme politique soviétique (8/10).

Tutu, Desmond, *né en 1931.* Évêque sud-africain (26/2).

Twain (Samuel Langhorne Clemens, dit **Mark**), *1835-1910.* Romancier et humoriste américain (1/2).

V

Van Gogh, Vincent, *1853-1890.* Peintre néerlandais (10/9).

Vega, Felix Lope de, *1562-1635.* Écrivain espagnol (18/3).

Verlaine, Paul, *1844-1896.* Poète français (7/8).

Voltaire (François Marie Arouet, dit), *1694-1778.* Écrivain français (25/5, 3/8, 30/9).

W-Z

Warhol, Andy, *1928-1987.* Peintre et cinéaste américain (11/11).

Weil, Simone, *1909-1943.* Philosophe française (4/11).

Wilde, Oscar, *1854-1900.* Écrivain et auteur dramatique irlandais (18/2, 31/7, 12/11, 6/12, 23/12).

Woolf, Virginia, *1882-1941.* Écrivaine britannique (1/6).

Wright, Frank Lloyd, *1867-1959.* Architecte américain (16/6).

Zweig, Stefan, *1881-1942.* Écrivain autrichien (30/11).

CRÉDITS PHOTOGRAPHIQUES

Couverture, Olaf Simon/iStockphoto; 4e de couverture (de gauche à droite), Montypeter/Shutterstock, EMprize/Shutterstock, Maglara/Shutterstock; page de faux-titre, pic-a-boo/iStockphoto; page de titre, pixs4u/Shutterstock; sommaire, Marina Aver/Shutterstock; crédits, David Evans/Nationa Geographic Creative.

Janvier

Ouverture, Peter Essick/National Geographic Creative; 1, Dick Durrance II/National Geographic Creative; 2, Iuri/Shutterstock; 3, knape/iStockphoto; 4, Valentin Armianu/Dreamstime.com; 5, perkmeup/iStockphoto; 6, Nejron Photo/Shutterstock; 7, Kharlanov Evgeny/Shutterstock; 8, J. Baylor Roberts/National Geographic Creative; 9, Kichigin/Shutterstock; 10, akiyoko/Shutterstock; 11, nito/Shutterstock; 12, Stokkete/Shutterstock; 13, cislander/iStockphoto; 14, aquapix/Shutterstock; 15, Jose Ignacio Soto/Shutterstock; 16, Václav Mach/123RF; 17, Oleg_Z/Shutterstock; 18, YuenWu/iStockphoto; 19, rudisill/iStockphoto; 20, Lisa-Blue/iStockphoto; 21, Luboslav Tiles/Shutterstock; 22, Iakov Filimonov/Shutterstock.com; 23, CoolR/Shutterstock; 24, flammulated/iStockphoto; 25, Mark Thiessen/National Geographic Creative; 26, lucylui/iStockphoto; 27, Zeiss4Me/iStockphoto; 28, NASA, Andrew S. Wilson (University of Maryland), Patrick L. Shopbell (Caltech), Chris Simpson (Subaru Telescope), Thaisa Storchi-Bergmann and F. K. B. Barbosa (UFRGS, Brazil), and Martin J. Ward (University of Leicester, U.K.); 29, Patricio Robles Gil/Minden Pictures/National Geographic Creative; 30, Tim Fitzharris/Minden Pictures/National Geographic Creative; 31, Zvia Shever/Shutterstock.

Février

Ouverture, Kuttelvaserova Stuchelova/Shutterstock; 1, S. Borisov/Shutterstock; 2, Ann Louise Hagevi/Shutterstock; 3, LattaPictures/iStockphoto; 4, Frans Lanting/National Geographic Creative; 5, ArchonCodex/iStockphoto; 6, NASA; 7, Anne B. Keiser/National Geographic Creative; 8, George F. Mobley/National Geographic Stock; 9, Alinute Silzeviciute/Shutterstock; 10, Grigorios Moraitis/iStockphoto; 11, irvingnsaperstein/iStockphoto; 12, Flip Nicklin/Minden Pictures/National Geographic Creative; 13, Mari/iStockphoto; 14, Volker Möhrke/Corbis; 15, Danita Delimont/Alamy; 16, pjmorley/iStockphoto; 17, solarseven/iStockphoto; 18, Magdanatka/Shutterstock; 19, Montypeter/Shutterstock; 20, JNB Photography/Shutterstock; 21, Flip Nicklin; 22, Creative Travel Projects/Shutterstock; 23, Anson0618/Shutterstock; 24, 4FR/iStockphoto; 25, fototrav/iStockphoto; 26, Michael Nichols/National Geographic Creative; 27, ramosnuno/Shutterstock; 28, Jose Azel/National Geographic Creative.

Mars

Ouverture, Danita Delimont/Getty Images; 1, cdwheatley/iStockphoto; 2, 3stepsahead/iStockphoto; 3, swprod/Shutterstock; 4, Jan Miko/Shutterstock; 5, MC_PP/Shutterstock; 6, CCNUT/iStockphoto; 7, Guzel Studio/Shutterstock; 8, KaarinaS/iStockphoto; 9, RYAN MACKAY/123RF; 10, Mari/iStockphoto; 11, Dmitry Kalinovsky/Shutterstock; 12, Peter Schwarz/Shutterstock; 13, Gabor Lajos/Shutterstock; 14, 2630ben/Shutterstock; 15, Joseph Kim/Shutterstock; 16, clearimages/Shutterstock; 17, ElenaGaak/iStockphoto; 18, Elena Elisseeva/Shutterstock; 19, cinoby/iStockphoto; 20, Patryk Kosmider/Shutterstock; 21, Christine Glade/iStockphoto; 22, Andrea Haase/Shutterstock; 23, B. and E. Dudzinscy/Shutterstock; 24, Frans Lanting/National Geographic Creative; 25, travelif/iStockphoto; 26, vickivick/iStockphoto; 27, JLP/Deimos/Corbis; 28, Aerogondo/Dreamstime.com; 29, Design Pics Inc./National Geographic Creative; 30, Zurijeta/Shutterstock; 31, Frans Lanting/National Geographic Creative.

Avril

Ouverture, mpiotti/iStockphoto; 1, stockcreations/Shutterstock; 2, Alena Root/Shutterstock; 3, PAUL ATKINSON/Shutterstock; 4, Bruce Dale/National Geographic Creative; 5, Polinksy/iStockphoto; 6, CindyMurray/iStockphoto; 7, Lori Martin/Shutterstock; 8, James P. Blair/National Geographic Creative; 9, Irina Mosina/Shutterstock; 10, Pavel44/iStockphoto; 11,

Blazej Lyjak/Shutterstock; 12, Blaz Kure/Shutterstock; 13, Arman Zhenikeyev/Corbis; 14, Floortje/iStockphoto; 15, lambada/iStockphoto; 16, Arne Bramsen/Shutterstock; 17, wavebreakmedia/Shutterstock; 18, deadplant155/iStockphoto; 19, Jostaphot/iStockphoto; 20, Chris Johns/National Geographic Creative; 21, 2009fotofriends/Shutterstock; 22, icyimage/iStockphoto; 23, Keren Su/Corbis; 24, jeep2499/Shutterstock; 25, LynneAlbright/iStockphoto; 26, MarclSchauer/Shutterstock; 27, Michael Nichols/National Geographic Creative; 28, Volkmar Wentzel/National Geographic Creative; 29, Bruce Dale/National Geographic Creative; 30, Royalty Free Stock Photos/Shutterstock.

MAI

Ouverture, Calek/Shutterstock; 1, Krisdayod/Shutterstock; 2, ApoXX/iStockphoto; 3, PlusONE/Shutterstock; 4, serezniy/iStockphoto; 5, KeenPress/National Geographic Creative; 6, Givaga/Shutterstock; 7, Racide/iStockphoto; 8, Irina Mosina/Shutterstock; 9, Tetra Images/Getty Images; 10, MARGRIT HIRSCH/Shutterstock; 11, Butterfly Hunter/Shutterstock; 12, Algefoto/Shutterstock; 13, MorelSO/iStockphoto; 14, Narong Jongsirikul/Shutterstock; 15, Catherine Karnow/National Geographic Creative; 16, DIOMEDIA/Alamy; 17, MarkMirror/Shutterstock; 18, blickwinkel/Alamy; 19, Maravic/ Stockphoto; 20, Roman Striga/Shutterstock; 21, ilolab/Shutterstock; 22, Grisha Bruev/Shutterstock; 23, Alex Emanuel Koch/Shutterstock; 24, Julie Boro/Shutterstock; 25, ponsulak/Shutterstock; 26, BasPhoto/iStockphoto; 27, Peter Wey/Shutterstock; 28, Aigars Jukna/Shutterstock; 29, Peeter Viisimaa/iStockphoto; 30, Firmston, Victoria/the food passionates/Corbis; 31, Dinesh Hegde/National Geographic Your Shot.

JUIN

Ouverture, Phil Schermeister; 1, Becky Stares/Shutterstock; 2, 4allthingsweb/iStockphoto; 3, Jerzy Bin/Shutterstock; 4, Paul Prescott/Shutterstock; 5, Boyd Hendrikse/Shutterstock; 6, Darlyne A. Murawski/National Geographic Creative; 7, Thomas J. Abercrombie/National Geographic Creative; 8, Grisha Bruev/Shutterstock; 9, Iakov Kalinin/Shutterstock; 10, Konrad Wothe/Minden Pictures/National Geographic Creative; 11, Konstanttin/Shutterstock; 12, Jim Brandenburg/National Geographic Creative; 13, SusaZoom/Shutterstock; 14, Stewart Smith Photography/Shutterstock; 15, Robbie George/National Geographic Creative; 16, Draw05/Shutterstock; 17, YuryZap/Shutterstock; 18, Anna Chelnokova/Shutterstock; 19, WhiteTag/Shutterstock; 20, Amy White & Al Petteway/National Geographic Creative; 21, George Dolgikh/Shutterstock; 22, Chris Pritchard/iStockphoto; 23, Suzanne Stevenson/Shutterstock; 24, MichaelUtech/iStockphoto; 25, Jodi Cobb/National Geographic Creative; 26, MikeLaptev/iStockphoto; 27, Aziz Dhamani/National Geographic Your Shot; 28, PaulTessier/iStockphoto; 29, peter zelei/iStockphoto; 30, Raymond Gehman/National Geographic Creative.

JUILLET

Ouverture, Shaiith/Dreamstime.com; 1, HENX/Shutterstock; 2, Willyam Bradberry/Shutterstock; 3, Phil Schermeister; 4, Juanmonino/iStockphoto; 5, Buzz Productions/iStockphoto; 6, Scott Sroka/National Geographic Creative; 7, wassiliy-architect/Shutterstock; 8, Luis Marden/National Geographic Creative; 9, wragg/iStockphoto; 10, peter zelei/iStockphoto; 11, Chris Hill/National Geographic Creative; 12, Elias Kordelakos/Shutterstock; 13, Pictureguy/Shutterstock; 14, Ron and Patty Thomas Photography/iStockphoto; 15, Annie Griffiths/National Geographic Creative; 16, Maria Stenzel/National Geographic Creative; 17, George Steinmetz; 18, Sara Winter/iStockphoto; 19, Maglara/Shutterstock; 20, tr3gi/iStockphoto; 21, Demansia/iStockphoto; 22, Fabian Wentzel/iStockphoto; 23, Paul Reeves Photography/Shutterstock; 24, Julia Sumerling/National Geographic Your Shot; 25, ballycrcy/iStockphoto; 26, Terry Wilson/iStockphoto; 27, Mike Tauber/Blend Images/Corbis; 28, Diane Cook & Len Jenshel/National Geographic Creative; 29, Anna Morgan/Shutterstock; 30, Joel Sartore/National Geographic Creative; 31, Carsten Peter/National Geographic Creative.

AOÛT

Ouverture, Terrie L. Zeller/Shutterstock; 1, felinda/iStockphoto; 2, Catherine Karnow/National Geographic Creative; 3, nicolas_/iStockphoto; 4, Kletr/Shutterstock; 5, Maglara/Shutterstock; 6, Antonov Roman/Shutterstock; 7, bikeriderlondon/Shutterstock; 8, Artens/Shutterstock; 9, SusaZoom/Shutterstock; 10, Meowgli/iStockphoto; 11, James P. Blair/National Geographic Stock; 12, tiler84/iStockphoto; 13, mubus7/Shutterstock; 14, James P. Blair/National Geographic Creative; 15, Jaromir Chalabala/Shutterstock; 16, Trybex/Shutterstock; 17, ThomasVogel/iStockphoto; 18,

Helen Filatova/Shutterstock; 19, Lisa A/Shutterstock; 20, Elena Schweitzer/Shutterstock; 21, fotolinchen/iStockphoto; 22, compassandcamera/iStockphoto; 23, Jens Ottoson/Shutterstock; 24, Ocean/Corbis; 25, Jacynthroode/iStockphoto; 26, Peter O'Toole/Shutterstock; 27, Steve Buckley/Shutterstock; 28, Fingerszz/iStockphoto; 29, Michael Shake/Shutterstock; 30, zofia/iStockphoto; 31, George F. Mobley/National Geographic Creative.

SEPTEMBRE

Ouverture, Rrrainbow/iStockphoto; 1, isa3863/iStockphoto; 2, sdbower/iStockphoto; 3, Yva Momatiuk & John Eastcott/Minden Pictures/Corbis; 4, Dave Allen Photography/Shutterstock; 5, Yuri Yavnik/Shutterstock; 6, Jitchanamont/Shutterstock; 7, YinYang/iStockphoto; 8, Maxim Tupikov/Shutterstock; 9, StudioSmart/Shutterstock; 10, Nudda Chollamark/123rf.com; 11, Justinreznick/iStockphoto; 12, Mark Thiessen/National Geographic Creative; 13, Xico Putini/Shutterstock; 14, Amy White & Al Petteway/National Geographic Creative; 15, Pecold/Shutterstock; 16, Ying Feng Johansson/Dreamstime.com; 17, Gti861/iStockphoto; 18, Mihej/iStockphoto; 19, Simona Dumitru/123rf.com; 20, stmeca/iStockphoto; 21, Macduff Everton/National Geographic Creative; 22, Frank Leung/iStockphoto; 23, Weerachai Khamfu/Shutterstock; 24, mukesh-kumar/iStockphoto; 25, Maridav/Shutterstock; 26, GiorgioMagini/iStockphoto; 27, nick82p/iStockphoto; 28, Linda Steward/iStockphoto; 29, Neale Cousland/Shutterstock; 30, Iakov Kalinin/Shutterstock.

OCTOBRE

Ouverture, Piyapunt Paetanom/123RF; 1, Mike Flippo/Shutterstock; 2, StephanieFrey/iStockphoto; 3, Luis Marden/National Geographic Creative; 4, TTstudio/Shutterstock; 5, Byron Yu/National Geographic Your Shot; 6, Shin Yoshino/Minden Pictures/National Geographic Creative; 7, 1Photodiva/iStockphoto; 8, Steve Winter; 9, mariobono/iStockphoto; 10, mashabuba/iStockphoto; 11, deepblue4you/iStockphoto; 12, Prill Mediendesign & Fotografie/iStockphoto; 13, gdvcom/Shutterstock; 14, ozgurdonmaz/iStockphoto; 15, Kokhanchikov/Shutterstock; 16, Jeff Mauritzen/National Geographic Creative; 17, Tacit/cultura/Corbis; 18, V. Kuntsman/Shutterstock; 19, Wiktory/iStockphoto; 20, Mint Images/Art Wolfe/Getty Images; 21, Eduard Andras/iStockphoto; 22, haveseen/Shutterstock; 23, Neale Cousland/Shutterstock; 24, RJ Grant/Shutterstock; 25, Maartje van Caspel/iStockphoto; 26, Stephen Cockley/National Geographic Your Shot; 27, Mike Liu/Shutterstock; 28, Robert B. Haas; 29, Alejandro Rivera/iStockphoto; 30, redmal/iStockphoto; 31, bgwalker/iStockphoto.

NOVEMBRE

Ouverture, FredFroese/iStockphoto; 1, Pixsooz/iStockphoto; 2, Kaspars Grinvalds/Shutterstock; 3, gualtiero boffi/Shutterstock; 4, maigi/Shutterstock; 5, Gord Horne/iStockphoto; 6, bisla/iStockphoto; 7, Amy White & Al Petteway/National Geographic Creative; 8, Michael Nichols/National Geographic Creative; 9, Cousin_Avi/Shutterstock; 10, Voranat Rajchatan/123RF; 11, Sergej Razvodovskij/Shutterstock; 12, Ammit Jack/Shutterstock; 13, Anna_Pustynnikova/Shutterstock; 14, Yuri_Arcurs/iStockphoto; 15, Evgeniya Uvarova/Shutterstock; 16, Rebecca Hale/National Geographic Creative; 17, ideabug/iStockphoto; 18, tschuma417/iStockphoto; 19, kenneth-cheung/iStockphoto; 20, vvvita/Shutterstock; 21, Victor R. Boswell, Jr./National Geographic Creative; 22, JPL Designs/Shutterstock; 23, Frans Lanting/National Geographic Creative; 24, Sam Abell/National Geographic Creative; 25, Brian Skerry/National Geographic Creative; 26, mikedabell/iStockphoto; 27, James L. Stanfield/National Geographic Creative; 28, Triff/Shutterstock; 29, nehru/123RF; 30, angelakatharina/Shutterstock.

DÉCEMBRE

Ouverture, Estea/Shutterstock; 1, 123stocks/iStockphoto; 2, EMprize/Shutterstock; 3, Sergieiev/Shutterstock.com; 4 Stokkete/Shutterstock; 5, AXL/Shutterstock; 6, maximkabov/iStockphoto; 7, Amy Le/Shutterstock; 8, Tadas_Naujokaitis/Shutterstock; 9, Chris Hill/National Geographic Creative; 10, Matt Gibson/Shutterstock; 11, Ronald Sumners/Shutterstock; 12, Arunas Gabalis/Shutterstock; 13, t_kimura/iStockphoto; 14, esolla/iStockphoto; 15, Darlyne A. Murawski/National Geographic Creative; 16, Jimmy Tran/Shutterstock; 17, Kate Thompson/National Geographic Creative; 18, MO_SES Premium/Shutterstock; 19, Tischenko Irina/Shutterstock; 20, Phil Schermeister; 21, Anna Omelchenko/iStockphoto; 22, Anna-Mari West/Shutterstock; 23, amenic181/Shutterstock; 24, Chintla/Shutterstock; 25, stoonn/Shutterstock; 26, Philary/iStockphoto; 27, alantobey/iStockphoto; 28, Maglara/Shutterstock; 29, Wanchai Orsuk/Shutterstock; 30, diephosi/iStockphoto; 31, Jerzy Bin/National Geographic Your Shot.

UNE ANNÉE DE GRATITUDE

Fondée en 1888 dans le but d'éveiller,
d'éclairer et d'instruire,
la National Geographic Society
est l'une des plus grandes organisations
scientifiques et éducatives
à but non lucratif du monde.
Confiante dans le pouvoir
qu'ont la science, l'exploration
et le témoignage de changer le monde,
elle touche chaque mois
plus de 600 millions de personnes
par le biais de ses supports médiatiques,
de ses produits éditoriaux
et de ses événements.
National Geographic a financé
plus de 11 000 projets de recherche,
de conservation et d'exploration,
ainsi que des programmes éducatifs
pour combattre l'illettrisme.

Venez nous rendre visite sur
www.nationalgeographic.fr